Ofen-Hits

pfiffig · herzhaft · süß

AVA
VERLAG

Mareen Kurray

Feine Ofen-Gerichte

Alles dreht sich in diesem Buch um den Ofen. Auflaufform, Backblech, gute Zutaten, dazu eine Prise Liebe und einem schmackhaften Ofenhit steht nichts mehr im Wege.

Unser Ofen ist heiß gelaufen und wir haben geschmort, überbacken und geröstet. Die »Klassiker« wie feines Brathähnchen, zarter Rehrücken und deftiges Gulasch dürfen natürlich genau so wenig fehlen wie schnelle »Alles aufs Blech«-Gerichte und Aufläufe für jeden Tag mit Spätzle, Maultaschen, Pasta und natürlich »Mit Käse, bitte«.

Auch eine kleine Reise »rund um die Welt« haben wir gemacht und unter anderm Moussaka aus Griechenland, Enchiladas aus Mexiko, Kohlrouladen aus Schweden und Polpette aus Italien mitgebracht.

»Stück für Stück« zum Genießen finden Sie auch herzhafte Tarte- und Quiche-rezepte in diesem Buch. Wie wäre es zum Beispiel mit einer raffinierten Cheeseburger-Tarte oder einer Pizza-Quiche?

Zu guter Letzt ist auch »für den Süßhunger« gesorgt und dieser kann unter anderem mit Rhabarber-Erdbeer-Crumble, Blaubeer-Michel und Pfitzauf gestillt werden.

Lassen Sie sich von unseren Kreationen inspirieren und den Ofen die Arbeit machen!

Ihre Mareen Kurray

Servus und Grüß Gott bei „Küche & Wohnen Heidl" in Marktoberdorf!

Reinhard Heidl und sein Team unterstützt Sie beim „Tapetenwechsel"! Denn heute steht nicht mehr nur die Funktion im Vordergrund, sondern manch einer möchte einfach die Veränderung!
Lassen Sie sich von den bereits realisierten Küchen und unserer „digitalen Ausstellung" inspirieren – Wir unterstützen Sie dabei, dass die Inspiration Wirklichkeit wird.
Viele unserer Kunden scheuen oftmals den Komplettumbau! In diesem Fall werden oftmals Arbeitsplatten getauscht, bestehenden Küchen renoviert und gegebenenfalls Elektrogeräte erneuert.

Auch wenn unser Schwerpunkt im Thema Küche liegt, setzen wir auch Wohnträume wie beispielsweise hochwertige Essgruppen in die Realität um. Gerne öffnen und schließen wir aber auch Räume mit Schiebetürlösungen.
Wir freuen uns bereits heute Sie als unseren Kunden begrüßen zu dürfen. Dass wir auch ausreichend Zeit für Sie einplanen können, wäre eine Terminvereinbarung perfekt. Aber gerne besuchen wir Sie auch zu Hause.

Ihr Reinhard Heidl mit Team.

Reinhard Heidl Küche & Wohnen

Georg-Fischer-Str. 19
87616 Marktoberdorf

Telefon: 08342 896344
www.heidl-kueche-wohnen.de

Inhaltsverzeichnis

Verwendete Abkürzungen

g = Gramm   EL = Esslöffel   ml = Milliliter
Pck. = Päckchen   TL = Teelöffel   l = Liter
              Msp. = Messerspitze

Auflaufformen und Co.

Welche Auflaufform ist die richtige?

Auflaufformen aus Keramik, Glas, Edelstahl, Aluminium, Gusseisen, beschichtet, unbeschichtet, emailliert, aus Silikon, rund, oval, quadratisch, in Herzform, mit Griffen oder ohne, es gibt nichts, was es nicht gibt. Da steht man vor der Frage, welche ist nun die Richtige? Brauche ich von jeder Form eine? Dann gibt es sie auch noch in verschiedenen Größen. Hilfe!

Das Material

Grundsätzlich ist man mit Auflaufformen aus Keramik oder Glas bestens für die meisten Rezepte gewappnet. Die Ausnahme sind hier Gerichte, die zuvor angebraten werden, wie zum Beispiel Schmorgerichte und Braten. Wer diese nicht in eine andere Form umlagern möchte, braucht zum Beispiel einen gusseisernen Bräter oder Topf. Diese eignen sich außerdem für alles, was mit Deckel in den Ofen kommt, und sogar zum Brotbacken.

Die Form

Ob quadratisch, rechteckig, oval, rund oder gar herzförmig ist erst einmal Geschmacksache. Allerdings stellen sich für manche Rezepte einige Formen als eher unpraktisch heraus. Cannelloni oder Lasagne-Blätter passen einfach besser in eine eckige Form als in eine runde, ein Nudelauflauf oder Kartoffelgratin fügt sich auch in die Rundungen einer ovalen Form ein.

Kleiner praktischer Tipp

Eine Auflaufform mit Griffen lässt sich mit den Ofenhandschuhen oder Topflappen viel leichter aus dem Ofen nehmen als eine Form ohne Griffe.

Die Größe

Die Größe der Auflaufform spielt bei der Wahl allerdings eine entscheidende Rolle und trägt zum Gelingen des Gerichtes bei. Ist die Form zu klein, passen nicht alle Zutaten hinein oder sie kocht im Ofen über und hinterher ist Ofenschrubben angesagt. Ist die Form zu groß, sind die Zutaten zu flach geschichtet und der Auflauf wird trocken und verbrennt. Es stellen sich also folgende Fragen für die Auswahl der Größe der Auflaufform: Welches Rezept soll zubereitet werden? Für wie viele Personen wird gekocht?
Für Aufläufe und Gratins brauchen wir eine Form, in die alle Zutaten passen, sich die Zutaten schön schichten lassen und die Flüssigkeit nicht überkocht. Die gängigen Rezepte sind für 4 Personen und dafür ist eine Standard-Auflaufform mit den Abmessungen von etwa 30 x 20 cm und einer Höhe von mindestens 5 cm ideal. Kochen sie nur für 2 Personen, ist eine Auflaufform in etwa 20 x 20 x 5 cm eine gute Wahl.
Wer nur für sich alleine kocht oder gerne individuelle Portionen serviert, für den eignet sich eine oder mehrere Formen in etwa 20 x 10 x 5 cm. Eine Auflaufform in der Größe 40 x 30 x 5 cm oder gerne auch höher bietet genug Platz für Rezepte für 8 Personen oder mehr. Wer keine Auflaufform in der Größe hat, nimmt einfach zwei Standard-Formen, diese passen je nach Ofen oft nebeneinander auf eine Schiene. Oder kombinieren sie verschiedene Größen je nach Anzahl der Personen am Tisch.
Ein Braten hat gerne etwas mehr Platz um sich, sodass die heiße Luft gut zirkulieren kann und er gleichmäßig gart. Wählen sie hierbei die Größe des Bräters nach der Größe des Fleischstückes. Außerdem wird zum Schmoren meist ein Deckel benötigt. Gusseiserne Pfannen oder Töpfe eignen sich hervorragend für Schmorgerichte, da sie die Hitze gut speichern und weitergeben.

Ober- und Unterhitze oder Umluft?

Bei vielen Backöfen haben sie die Wahl zwischen Ober- und Unterhitze, Umluft oder Heißluft. Was bedeutet das überhaupt? Bei Ober- und Unterhitze wird der Ofen durch Heizspiralen oder -stäbe am Backofenboden und der Ofendecke erhitzt. Es entsteht eine statische Hitze. Bei Umluft wird diese Hitze zusätzlich durch einen Ventilator in Bewegung gesetzt und im Ofen gleichmäßig verteilt.

Die Heißlufteinstellung hat einen zusätzlichen Heizkörper um den Ventilator, dadurch wird heiße Luft in den Ofen geblasen, dies ermöglicht ein noch schnelleres Aufheizen des Backofens.

Alle Arten haben Vor- und Nachteile. So kann zum Beispiel bei Ober- und Unterhitze nur auf einer Ebenen gegart werden bei Umluft/Heißluft hingegen auf mehreren. Allerdings trocknet Umluft das Gargut im Ofen durch die zusätzliche Luft mehr aus. Grundsätzlich gilt, dass die Backtemperatur bei Umluft/Heißluft um 20 bis 30 °C verringert werden muss im Gegensatz zur Ober- und Unterhitzetemperatur, die im Rezept angegeben ist. Häufig verringert sich auch die Garzeit etwas, lieber ein paar Minuten früher nachschauen.

Muss die Form gefettet werden?

Ein Muss ist es keinesfalls, allerdings tut man sich selbst einen Gefallen, wenn die Form vor dem Befüllen mit etwas Butter, Öl oder Margarine gefettet wird. Dadurch lässt sich das Gericht leichter aus der Form lösen, ansehnlicher servieren und die Auflaufform später viel leichter reinigen.

Verwendet man ein aromatisiertes Öl oder Butter, gibt es dem Gericht auch noch zusätzliches Aroma.

Warum, wann und wie abdecken?

Bei langen Garzeiten wird öfter geraten, die Auflaufform abzudecken. Dies soll verhindern, dass die Oberfläche zu dunkel wird oder der Auflauf austrocknet. Wenn man eine Auflaufform mit Deckel hat, dann kommt natürlich dieser zum Einsatz, ansonsten legt man ein Stück Backpapier auf die Auflaufform oder, wenn sie dicht verschlossen werden soll, deckt die Form mit Alufolie ab und drückt diese am Rand gut fest. Soll der Auflauf hinterher schön knusprig sein, decken wir diesen am Anfang der Backzeit ab und entfernen die Folie gegen Ende.

Nicht die passende Form zur Hand?

Wer selten Soufflé oder Pfitzauf (traditionelles Eiergebäck) zubereitet, hat sicherlich auch keine Förmchen dafür im Schrank. Keine Bange, es müssen nicht extra neue Förmchen gekauft werden. Kleine Stürzgläser zum Einkochen oder manche Tassen sind auch feuerfest und können dafür zweckentfremdet werden. Auch Pfannen und Töpfe dürfen, wenn sie backofengeeignet sind, als Auflaufform genutzt werden. Dies ist besonders praktisch, wenn sie das Gericht in der Pfanne anbraten müssen und es nur zum Überbacken in den Ofen kommt.

Die Klassiker

Wir kennen und lieben sie

Gefülltes Schweinefilet

Zutaten
für 4 Personen

500 g Rosenkohl
2 EL Sojasoße
1–2 EL Rapsöl
Salz und Pfeffer nach Belieben
1 Schweinefilet à 600 g
2 EL Pesto
ein paar Basilikumblätter
5 getrocknete Tomaten in Öl
100 g Frühstücksspeck/Bacon
in Scheiben
1 Zwiebel
1 EL Tomatenmark
1 EL Mehl
50 ml Weißwein
200 ml Bratenfond

Für die Polenta

300 ml Gemüsebrühe
200 ml Milch
120 g Maisgrieß (Polenta)
100 ml Sahne
2 EL Butter
4 EL geriebener Parmesan
Salz, Pfeffer und Muskat
nach Belieben

Zubereitung

1. Den Backofen vorheizen und ein Backblech mit Backpapier auslegen.
2. Den Rosenkohl putzen und halbieren, in einer Schüssel mit der Sojasoße und dem Öl vermengen und mit Pfeffer würzen. Auf Dreiviertel des Backbleches verteilen.
3. Das Schweinefilet längs aufschneiden, von beiden Seiten mit Salz und Pfeffer würzen, innen mit dem Pesto bestreichen, den Basilikumblättern und den Tomaten belegen und aufrollen. Den Speck etwas überlappend auf einem Brett auslegen und das Filet darin einwickeln. Das Filet von allen Seiten vorsichtig anbraten, dann auf dem Blech neben dem Rosenkohl platzieren und im Ofen garen.
Backzeit 15–20 Minuten bei 180 °C Ober-/Unterhitze (160 °C Umluft).
4. Die Zwiebel fein würfeln und in der Pfanne, in der das Filet angebraten wurde, in etwas Öl glasig dünsten. Das Tomatenmark und das Mehl dazu geben und kurz mit anrösten. Alles unter Rühren mit dem Weißwein und dem Fond aufgießen, aufkochen und 1 Minute köcheln lassen. Eventuell durch ein Sieb abgießen, mit Salz und Pfeffer abschmecken und warm halten.
5. In der Zwischenzeit die Brühe und Milch für die Polenta aufkochen, vom Herd nehmen, den Grieß einrühren und 10 Minuten quellen lassen. Die Polenta nochmals kräftig durchrühren, die Sahne, Butter und den Parmesan untermischen. Alles mit Salz, Pfeffer und Muskat abschmecken.
6. Das Filet in Scheiben schneiden und mit der Polenta, der Soße und dem Rosenkohl servieren.

Ofengulasch mit Croûtons

Zutaten
für für 4–6 Personen

200 g Champignons
300 g Karotten
1 Stange Lauch
2 Zwiebeln
Öl zum Braten
1 kg Rindergulasch
1/2 TL getrockneter
Majoran
2 EL Tomatenmark
3 EL Mehl
330 ml Schwarzbier
400 ml Rinderfond
2 Lorbeerblätter
5 Wacholderbeeren
1 Wurzelbrot
oder Baguette
etwas frische Petersilie

Zubereitung

1. Eine Auflaufform fetten und den Backofen vorheizen.
2. Die Pilze säubern, die Karotten schälen und in Scheiben schneiden, den Lauch gut waschen und in Ringe schneiden. Die Zwiebeln schälen und würfeln. In einer großen Pfanne das Gemüse in etwas Öl nacheinander anbraten, mit Salz und Pfeffer würzen und in die vorbereitete Form geben.
3. Nochmals etwas Öl in die Pfanne geben und das Gulasch portionsweise scharf anbraten, mit Salz, Pfeffer und Majoran würzen, zum Gemüse geben und vermengen.
4. Das Tomatenmark in die Pfanne geben, kurz anschwitzen, dann das Mehl dazugeben und mit anschwitzen. Nach und nach mit dem Bier und dem Fond aufgießen, Lorbeerblätter und Wacholderbeeren dazu geben, unter Rühren aufkochen und 3–5 Minuten leicht köcheln lassen.
5. Die Soße durch ein Sieb über Gemüse und Fleisch in die Auflaufform gießen und im vorgeheizten Ofen schmoren.
   Backzeit 90 Minuten bei 200 °C Ober-/Unterhitze (180 °C Umluft)
6. In der Zwischenzeit das Brot in Würfel schneiden, in eine Schüssel geben, mit etwas Öl beträufeln und gut durchmischen. Kurz vor Backzeitende auf dem Gulasch verteilen und fertig garen oder neben der Auflaufform auf dem Blech rösten, bis die Croûtons goldbraun sind und anschließend auf das Gulasch geben.
7. Etwas frische Petersilie hacken und über die Croûtons streuen, gleich servieren.

Plattes Hähnchen mit Röstgemüse

Zutaten für 4 Personen

80 g weiche Butter
1 EL + 3 EL Rapsöl
1 EL + extra frisch gehackte Petersilie
1 EL Schnittlauchröllchen
1 Knolle Knoblauch
1 Bio-Zitrone
1 Brathähnchen
800 g festkochende Kartoffeln
4 Karotten
4 Zweige Rosmarin
Salz und Pfeffer nach Belieben

Zubereitung

1. Den Backofen vorheizen und ein Backblech mit Backpapier auslegen.
2. Die Butter, 1/2 TL Salz, 1/4 TL Pfeffer, 1 EL Öl, 1 EL Petersilie, 1 EL Schnittlauch miteinander vermengen. Die Knoblauchknolle in der Mitte halbieren, zwei Zehen heraustrennen, fein hacken und zur Butter geben. Etwa die Hälfte der Zitronenschale abreiben, zur Butter geben, die Zitrone in Scheiben schneiden. Die Kräuterbutter nochmals durchmengen.
3. Das Brathähnchen abwaschen, trocken tupfen und auf die Brustseite legen. Mit einer Geflügelschere auf beiden Seiten des Rückrats entlang schneiden und dieses herausnehmen (eventuell zum Kochen einer Hühnerbrühe verwenden), das Hähnchen umdrehen und mit den Händen flach drücken. Auf der Unterseite mit Salz und Pfeffer würzen. An Brust und Keule die Haut vorsichtig vom Fleisch lösen und 2/3 der Kräuterbutter darunter verteilen, die restliche Butter auf der Haut verreiben. Das Hähnchen auf dem Blech platzieren.
4. Die Kartoffeln waschen und trocken tupfen oder schälen und vierteln, die Karotten schälen und in Stücke schneiden, beides um das Hähnchen verteilen. Den Rosmarin, die Knoblauchknolle und die Zitronenscheiben (vier beiseite legen) dazu legen und alles mit 3 EL Öl beträufeln und mit Salz und Pfeffer würzen.
5. Das Blech in den Ofen schieben. **Backzeit 40–45 Minuten bei 200 °C Ober-/Unterhitze (180 °C Umluft).**
6. Mit ein paar frischen Scheiben Zitrone und frischer Petersilie bestreut servieren.

Rehrücken mit Rahmwirsing

Zutaten
für 6 Personen

1,5 kg Rehrücken mit Knochen
5 Wacholderbeeren
2 Lorbeerblätter
1 TL schwarze Pfefferkörner
100 g Frühstücksspeck/
Bacon in Scheiben
125 ml Rotwein
200 ml Wildfond
2 Zweige Rosmarin
1 EL Preiselbeeren
1 EL Zuckerrübensirup
1 EL Speisestärke
Salz nach Belieben

Für den Rahmwirsing
1 Kopf Wirsing
1 Zwiebel
etwas Öl zum Braten
100 ml Gemüsebrühe
200 g Schmand oder Sahne
Muskat
Salz und Pfeffer
nach Belieben

Außerdem
1 kg Kartoffelschupfnudeln
Butterschmalz zum Braten
6 EL Preiselbeeren

Zubereitung

1. Den Backofen vorheizen und einen Bräter bereit stellen.
2. Den Rehrücken am Rückgrat entlang etwa 2 cm einschneiden. Die Wacholderbeeren, die Lorbeerblätter und die Pfefferkörner in einem Mörser fein mahlen. Den Rehrücken damit einreiben und salzen, dann zugedeckt eine Stunde auf Raumtemperatur kommen lassen.
3. Den Rehrücken mit dem Speck belegen und in den Ofen schieben.
   Backzeit 35–40 Minuten bei 200 °C Ober-/Unterhitze (180 °C Umluft).
   Nach 20 Minuten den Rotwein und den Fond in den Bräter gießen und den Rosmarin dazu geben.
4. In der Zwischenzeit den Wirsing in dünnen Streifen vom Strunk schneiden. Die Zwiebel schälen und fein würfeln. Die Zwiebel in etwas Öl andünsten, den Wirsing dazu geben und kurz mit andünsten, mit der Brühe ablöschen und mit Deckel 5–10 Minuten garen, dabei gelegentlich durchrühren. Den Schmand oder die Sahne unterrühren und mit Muskat, Salz und Pfeffer abschmecken.
5. Die Schupfnudeln in etwas Butterschmalz anbraten.
6. Den Rehrücken aus dem Ofen nehmen und auf eine Servierplatte legen und im ausgeschalteten offenen Ofen 10 Minuten ruhen lassen. Den Fond im Bräter aufkochen, die Preiselbeeren und den Zuckerrübensirup einrühren. Die Stärke mit etwas Wasser glatt rühren und in den Fond einrühren, eine Minute köcheln lassen. Mit Salz und Pfeffer abschmecken. Die Soße durch ein Sieb abgießen.
7. Den Rehrücken mit Rahmwirsing, Schupfnudeln, Soße und Preiselbeeren servieren.

Rinderbraten aus dem Gusstopf

Zutaten
für 6 Personen

1,2 kg Rinderbraten
6 kleine Zwiebeln
6 Karotten
Öl zum Braten
250 ml Rotwein
500 ml Rinderfond
3 Stiele Thymian
3 Stiele Rosmarin
2 Lorbeerblätter
1,5 kg mehlig kochende
Kartoffeln
100–150 g Butter
180 ml Milch
150 g Frischkäse
1 Beet Kresse
Muskat
Salz und Pfeffer
nach Belieben

Zubereitung

1. Den Braten etwa eine Stunde vorher aus dem Kühlschrank nehmen, trocken tupfen und von allen Seiten kräftig mit Salz und Pfeffer würzen. Die Zwiebeln schälen und halbieren, die Karotten gut waschen (oder schälen) und in Stücke schneiden. Den Backofen vorheizen.

2. In einem Gusstopf die Zwiebeln auf der Schnittseite ohne Fett etwas bräunen, aus dem Topf nehmen. Die Karotten in etwas Öl anbraten und herausnehmen. Den Braten von allen Seiten in etwas Öl kräftig anbraten und aus dem Topf nehmen. Den Wein in den Topf gießen und etwas einkochen lassen. Den Braten, die Karotten und die Zwiebeln wieder in den Topf geben und mit dem Rinderfond aufgießen. Den Thymian, den Rosmarin und die Lorbeerblätter dazu geben und alles einmal aufkochen. Mit dem Deckel verschließen, in den vorgeheizten Ofen schieben und schmoren lassen. **Schmorzeit 4 Stunden bei 140 °C Ober-/Unterhitze (120 °C Umluft).**

3. Etwa eine halbe Stunde vor Garzeitende die Kartoffeln schälen, in reichlich Salzwasser 20–25 Minuten gar kochen, abgießen und ausdampfen lassen. Die Milch erwärmen. Die Butter in Stücken zu den Kartoffeln geben und stampfen, die Milch nach und nach dazu geben. Alles mit Salz, Pfeffer und Muskat würzen. Den Frischkäse unterrühren, die Kresseblätter abschneiden und unterheben.

4. Den Braten aus dem Ofen nehmen und mit dem Kartoffelpüree servieren.

Mit Käse, bitte!

Ohne Käse geht nichts

Gnocchi-Spinat-Gratin

Zutaten für 4 Personen

100 g Frühstücksspeck/Bacon
1 Zwiebel
200 g frischer Spinat
etwas Öl
500 g Gnocchi
400 ml Milch
200 g Gruyère
100 g Gorgonzola
1 TL Gemüsebrühepulver
1 TL gehackte Petersilie
Salz und Pfeffer
nach Belieben

Zubereitung

1. Den Speck in einer Pfanne knusprig anbraten und auf Küchenpapier abtropfen lassen. Den Backofen vorheizen und eine Auflaufform fetten.

2. Die Zwiebel schälen und fein würfeln, den Spinat waschen und die groben Stiele entfernen. Etwas Öl in die Pfanne geben, die Zwiebelwürfel darin glasig dünsten, den Spinat portionsweise dazu geben, zusammenfallen lassen, mit Salz und Pfeffer würzen und in die Auflaufform geben.

3. Nochmals etwas Öl in die Pfanne geben, die Gnocchi kurz anbraten, dann ebenfalls in die Form geben. Die Milch in die Pfanne gießen und erwärmen. Den Gruyère reiben, die Hälfte mit dem Gorgonzola in die Milch geben und schmelzen. Die Käsemilch mit Gemüsebrühe, Petersilie, Salz und Pfeffer würzen und über die Gnocchi in die Form gießen. Alles miteinander vermengen.

4. Den restlichen Käse darüber streuen und im vorgeheizten Ofen überbacken. **Backzeit etwa 20 Minuten 200 °C Ober-/Unterhitze (180 °C Umluft)**

5. Das Gratin aus dem Ofen nehmen, den Speck darüber krümeln und servieren.

Mit Käse, bitte!

Kartoffel-Lauch-Gratin

Zutaten für 4 Personen

300 ml Sahne
100 ml Milch
1 EL Mehl
Salz, Pfeffer und Muskat
nach Belieben
1 Lorbeerblatt
700 g Kartoffeln
1 Stange Lauch
600 g Schweinefilet
100 g geriebener
Emmentaler
2 Frühlingszwiebeln

Zubereitung

1. Den Backofen vorheizen und eine Auflaufform fetten.

2. Die Sahne in einen kleine Topf geben und kurz aufkochen, das Mehl mit der Milch glatt rühren und unterrühren, kräftig mit Salz, Pfeffer und Muskat würzen, das Lorbeerblatt dazu geben und 5 Minuten leicht köcheln lassen.

3. Die Kartoffeln schälen und in 1 cm große Würfel schneiden, den Lauch waschen und in Ringe schneiden und beides in die Auflaufform schichten. Das Lorbeerblatt aus der Sahne nehmen, die Kartoffeln mit der Sahne übergießen und auf einem Blech in den Ofen schieben. **Backzeit 1: 30 Minuten bei 210 °C Ober-/Unterhitze (190 °C Umluft)**

4. Kurz vor Backzeitende das Schweinefilet trocken tupfen und mit Salz und Pfeffer würzen. Von allen Seiten kräftig anbraten. Auf ein Stück Backpapier neben das Gratin auf das Blech legen. Das Gratin mit dem Käse bestreuen und wieder in den Ofen schieben. **Backzeit 2: 15 Minuten bei 200 °C Ober-/Unterhitze (180 °C Umluft)**

5. Das Kartoffel-Lauch-Gratin und das Schweinefilet aus dem Ofen nehmen, kurz ruhen lassen. Die Lauchzwiebeln in feine Ringe schneiden und über das Gratin streuen, das Filet in Scheiben schneiden und beides servieren.

Mit Käse, bitte!

Krautspätzle-Auflauf

Zutaten
für 4 Personen

Für die Spätzle
300 g Spätzlemehl
1–2 EL Hartweizengrieß
3/4 TL Salz
3 Eier
75–100 ml Mineralwasser

Außerdem
1 Zwiebel
300 g Weißkraut
100 g Speckwürfel
etwas Öl zum Braten
200 g Sahne
600 g Schweinefilet
200 g Bergkäse
Salz und Pfeffer
nach Belieben
etwas frischer
Schnittlauch

Zubereitung

1. Für die Spätzle das Mehl, den Grieß, das Salz, die Eier und das Mineralwasser zu einem Teig schlagen, 20 Minuten quellen lassen. Die Spätzle mit dem Spätzlehobel portionsweise in siedendes Wasser hobeln, aufkochen, abschöpfen und in kaltem Wasser abschrecken.

2. Die Zwiebel fein würfeln, das Weißkraut in feine Streifen schneiden. Die Zwiebel und die Speckwürfel in etwas Öl andünsten, das Kraut dazu geben und weiter dünsten. Einen Schuss Wasser dazu geben, den Deckel schließen und 5 Minuten dünsten lassen, dabei gelegentlich umrühren. Die Sahne dazu geben und kräftig würzen. Die Spätzle dazu geben und vermengen. Alles in eine große oder 4 kleine Auflaufformen geben. Den Backofen vorheizen.

3. Das Filet in Scheiben schneiden und in der Pfanne kurz von beiden Seiten anbraten, dann auf die Spätzle in die Auflaufformen legen. Den Bergkäse reiben und über den Spätzle und den Filets verteilen.

4. Den Krautspätzle-Auflauf mit den Schweinefilets im Ofen überbacken.
   Backzeit 15–20 Minuten 200 °C Ober-/Unterhitze (180 °C Umluft)

5. Aus dem Ofen nehmen und mit frischen Schnittlauchröllchen bestreut servieren.

Maultaschen-Auflauf

Zutaten für 4 Personen

1 Zwiebel
1 Knoblauchzehe
etwas Öl
1 EL Tomatenmark
1 Dose à 400 g Tomaten
1 TL italienische Kräuter
1 TL Zucker
Salz und Pfeffer
nach Belieben
250 g Kirschtomaten
12 Maultaschen
200 g portionierbarer
TK-Blattspinat
125 g Mini-Mozzarella-Kugeln
100 g Crème Fraîche
100 g geriebener
Mozzarella
etwas frischer Basilikum

Zubereitung

1. Die Zwiebel und den Knoblauch schälen und fein würfeln, dann in einer backofengeeigneten großen Pfanne in etwas Öl glasig dünsten. Das Tomatenmark dazu geben und kurz mit andünsten. Die Tomaten hinzufügen und aufkochen, die Kräuter und den Zucker hinein geben und alles mit Salz und Pfeffer würzen. Bei schwacher Hitze 10 Minuten köcheln lassen.
2. Den Backofen vorheizen. Die Kirschtomaten halbieren und die Maultaschen in Scheiben schneiden. Die Tomaten unter die Soße mischen, die Maultaschenscheiben, die Portionsstücke Spinat und die Mozzarellakugeln auf der Soße verteilen und leicht hinein drücken. Mit einem Teelöffel Crème-Fraîche-Kleckse darüber verteilen und alles mit Mozzarella bestreuen.
3. Im vorgeheizten Ofen überbacken. **Backzeit 20–25 Minuten 200 °C Ober-/Unterhitze (180 °C Umluft).**
4. Aus dem Ofen nehmen, mit frischem Basilikum bestreut servieren.

GUTEN
GESCHMACK
GIBT'S BEI UNS

MIT EINER MAYER-KÜCHE
GELINGEN DIE BESTEN BACKREZEPTE

küchen mayer GmbH

Aybühlweg 9
87435 Kempten
Tel. 0831-581250
Fax 0831-5812525

- -

Eichenstraße 35
87700 Memmingen
Tel. 08331-97980
Fax 08331-979825

**küchen
mayer**

■ **einfach
besser!**

8. MEMMINGER
KUNDENSPIEGEL

Platz 1
BRANCHENSIEGER

Untersucht: 5 EINRICHTUNGSHÄUSER
85,7% Durchschnittlicher Zufriedenheitsgrad
Freundlichkeit: 91,9% (Platz 1)
Beratungsqualität: 87,1% (Platz 1)
Preis-Leistungs-Verhältnis: 78,2% (Platz 1)
Kundenbefragung: 09/2019
Befragte (Möbel) = 725 von N (Gesamt) = 906
www.kundenspiegel.de
MF Consulting Dipl.-Kfm. Dieter Grett

K E M P T E N

- -

M E M M I N G E N

www.kuechenmayer.de
Öffnungszeiten:
Mo. bis Fr. 9.30 bis 19.00 Uhr
Sa. 9.30 bis 17.00 Uhr

küchen mayer: Auswahl, Beratung und Service der Extraklasse!

Nudelauflauf mit Pesto

Zutaten
für 4 Personen

Für das Pesto
100 g Rucola
1–2 Knoblauchzehen
30 g Mandeln
30 g Pecorino
50 ml Olivenöl
1/2 Bio-Zitrone
Salz und Pfeffer
nach Belieben

Für den Nudelauflauf
400 g Korkenzieher-
Nudeln
2 Hähnchenbrustfilets
etwas Öl zum Braten
1 TL Oregano
4–6 EL Ricotta
250 g Kirschtomaten
150 g geriebener
Mozzarella

Zubereitung

1. Den Rucola waschen und grob hacken, die Knoblauchzehen schälen und beides mit den Mandeln in den
Mixer geben, den Pecorino dazu reiben und alles fein
mixen, das Olivenöl und den Abrieb der Zitrone dazu
geben, alles vermengen und mit Zitronensaft, Salz
und Pfeffer abschmecken.

2. Den Backofen vorheizen und eine Auflaufform fetten.

3. Die Nudeln etwas kürzer als die angegebene
Kochzeit in reichlich Salzwasser garen. Die Hähnchen-
brust in Stücke schneiden und in etwas Öl anbraten,
mit Salz, Pfeffer und Oregano würzen. Die Nudeln
und das Hähnchen mit dem Pesto und dem Ricotta
vermengen, die Tomaten halbieren und untermengen.
Alles in die Auflaufform füllen und mit dem Mozzarella
bestreuen. Im Backofen überbacken.
**Backzeit 15–20 Minuten bei 200 °C Ober-/Unterhitze
(180 °C Umluft).**

4. Den Nudelauflauf gleich servieren.

Tipp: Das Pesto ist auch mit anderem Grün wie zum Bespiel
Basilikum, Radieschengrün, Bärlauch oder Petersilie
sehr fein. Auch die Mandeln lassen sich durch Pinienkerne,
Haselnüsse, Cashewkerne oder Walnüsse ersetzen.

Tomaten-Feta-Pasta

Zutaten für 4 Personen

400 g Feta
600 g Kirschtomaten
4 Knoblauchzehen
50 g schwarze Oliven
1/2 Bio-Zitrone
1 TL Italienische Kräuter
1 Prise Zucker
Salz und Pfeffer
nach Belieben
etwas Chiliflocken
etwas Olivenöl
400 g Pasta nach Wahl
4 Stiele frischer Basilikum
frisch geriebener
Parmesan

Zubereitung

1. Den Backofen vorheizen und eine Auflaufform fetten. Den Feta in die Mitte der Auflaufform legen, die Tomaten drum herum verteilen, jede Tomate mit einem scharfen Messer einmal einstechen. Die Knoblauchzehen schälen und in dünne Scheiben schneiden und mit den Oliven zu den Tomaten geben. Die Zitrone abreiben und den Saft auspressen, beides über den Tomaten verteilen. Feta und Tomaten mit den Kräutern, dem Zucker, Salz, Pfeffer und Chiliflocken würzen und mit Olivenöl beträufeln. Im vorgeheizten Ofen backen.
Backzeit 25–30 Minuten bei 210 °C Ober-/Unterhitze (190 °C Umluft).

2. In der Zwischenzeit die Pasta nach Packungsangaben garen und den Basilikum in feine Streifen schneiden.

3. Aus dem Ofen nehmen, Basilikum dazu geben und die Pasta gleich unterrühren, mit frisch geriebenem Parmesan servieren.

Tortellini-Brokkoli-Auflauf

Zutaten
für 4 Personen

500 g Brokkoli
etwas Knoblauchöl
200 g Kassler-Schinken
400 g Tortellini aus
dem Kühlregal
200 ml Sahne
200 g Crème Fraîche
2 Eier
1 EL gehackte Kräuter
150 g Bergkäse
Salz und Pfeffer nach Belieben

Zubereitung

1. Den Brokkoli in Röschen schneiden, in einem Topf in etwas Salzwasser 2 Minuten vorgaren, abgießen und mit kaltem Wasser abschrecken.
2. Eine Auflaufform mit etwas Knoblauchöl fetten, den Backofen vorheizen.
3. Das Kassler in Würfel schneiden und mit dem Brokkoli und den Tortellini in die Form geben. Die Sahne mit der Crème Fraîche, den Eiern und den Kräutern verrühren, mit Salz und Pfeffer kräftig würzen und über die Tortellini in der Form gießen. Den Bergkäse reiben und darüber streuen.
4. Den Tortellini-Auflauf im vorgeheizten Ofen überbacken. **Backzeit 20–25 Minuten bei 200 °C Ober-/Unterhitze (180 °C Umluft).**
5. Den Auflauf aus dem Ofen nehmen und servieren.

Kräuterweible

NATURKOST & NATURWAREN

Alles was das
(Bio-) Herz begehrt

Seit 1988 bieten Elfriede und Walter Kober im geräumigen Naturkostladen Kräuterweible (170 qm) Bio-Lebensmittel und viele Bio-Produkte des täglichen Bedarfs an. Die langjährige Erfahrung zeigt sich in der hohen Qualität der angebotenen Waren. Nicht nur eine große Auswahl an frischem Obst und Gemüse erwartet hier die Kunden, sondern auch ein umfangreiches Sortiment an Brot, Wurst, Eiern, Käse, Wein, Limonade uvm.
Ein eigener Bereich für Pflege- und Kosmetikprodukte rundet das Angebot ab.
Mittags werden Bio-Gerichte angeboten – auch zum Mitnehmen.

Naturkost Kräuterweible
Elfriede Kober

Theaterstraße 2 · 87459 Pfronten
Telefon: (0 83 63) 62 35
naturkost.kraeuterweible@t-online.de

Lecker gefüllt

Immer eine Überraschung

Cannelloni mit Spinat und Hack

Zutaten
für 4 Personen

250 g frischer Spinat
1 Zwiebel
1 Knoblauchzehe
300 g Rinderhack
Öl zum Braten
75 g Parmesan
40 g Butter
40 g Mehl
500 ml Milch
250 g Ricotta
1 Ei
16 Cannelloni
100 g geriebener
Mozzarella
Salz und Pfeffer
nach Belieben

Zubereitung

1. Den Spinat waschen, die großen Stiele entfernen und die Blätter hacken. Die Zwiebel und den Knoblauch schälen und in feine Würfel schneiden. Das Hack in etwas Öl krümelig braten, die Zwiebel- und Knoblauchwürfel dazu geben und mit andünsten. Kräftig mit Salz und Pfeffer würzen. Den Spinat nach und nach dazu geben und zusammenfallen lassen. Etwas abkühlen lassen.

2. Den Parmesan reiben. Die Butter in einem Topf erwärmen, das Mehl darin anschwitzen, unter kräftigem Rühren mit der Milch aufgießen, aufkochen und eine Minuten unter Rühren köcheln lassen. Vom Herd nehmen, den Parmesan einrühren und mit Salz und Pfeffer würzen.

3. Den Backofen vorheizen und eine Auflaufform fetten. Ein paar Löffel der Soße auf dem Boden der Form verteilen.

4. Die Hack-Spinat-Masse in eine Schüssel geben und mit dem Ricotta und dem Ei verrühren und mit Salz und Pfeffer kräftig abschmecken. Die Masse in einen Spritzbeutel geben und in die Cannelloni füllen. Diese in die vorbereitete Form legen. Die restliche Soße darauf verteilen und mit dem Mozzarella bestreuen.

5. Die Cannelloni im vorgeheizten Ofen backen. **Backzeit 30–35 Minuten bei 190 °C Ober-/Unterhitze (170 °C Umluft).** Eventuell nach 25 Minuten mit Folie abdecken.

6. Aus dem Ofen nehmen und 10 Minuten ruhen lassen, dann servieren.

Gefüllter Butternusskürbis

Zutaten
für 4 Personen

2 Butternuss-
Kürbisse à 800 g
4 EL + etwas Rapsöl
1 TL mediterrane Kräuter
1/2 Bio-Zitrone
1 Zwiebel
1 Knoblauchzehe
1 kleine rote Paprika
100 g Spinat
1/2 Bund Petersilie
300 g Hackfleisch
50 g Parmesan
200 g Feta
Chiliflocken
Salz und Pfeffer
nach Belieben

Für die Kräuter-Creme
200 g Crème Fraîche
1/2 Bio-Zitrone
1/2 Bund Petersilie
1 TL flüssiger Honig
Salz und Pfeffer
nach Belieben

Zubereitung

1. Die Kürbisse waschen und halbieren, die Kerne entfernen und die Kürbishälften etwas aushöhlen, dabei einen dicken Rand lassen. Das Kürbisfleisch in kleine Würfel schneiden. Das Rapsöl mit den Kräutern, etwas Salz und Pfeffer, dem Abrieb der halben Zitrone und etwas Zitronensaft verrühren. Die Kürbishälften damit einstreichen. Auf ein mit Backpapier ausgelegtes Backblech legen.

2. Die Zwiebel, die Knoblauchzehe schälen und fein würfeln, die Paprika waschen, entkernen und in Würfel schneiden. Den Spinat waschen, die dicken Stiele entfernen und die Blätter grob hacken. Die Petersilie waschen, die Blätter abzupfen und fein hacken, etwas beiseite stellen.

3. Den Backofen vorheizen. In einer Pfanne das Hackfleisch in etwas Rapsöl krümelig braten, Zwiebel-, Knoblauch-, Paprika- und Kürbiswürfel dazu geben und 5 Minuten mit andünsten. Den Spinat dazu geben und mit andünsten. Alles mit Chiliflocken, Pfeffer und etwas Salz würzen. Vom Herd nehmen. Den Parmesan frisch reiben und den Feta verkrümeln, beides unter die Hackmischung heben. Die Füllung auf die Kürbishälften verteilen und im vorgeheizten Ofen backen.
Backzeit 35–45 Minuten bei 200 °C Umluft (220 °C Ober-/Unterhitze).
Eventuell nach 30 Minuten abdecken.

4. In der Zwischenzeit die Kräuter-Creme zubereiten. Dazu die Crème Fraîche mit dem Abrieb der Zitrone, der gehackten Petersilie und dem Honig verrühren, mit Zitronensaft, Salz und Pfeffer abschmecken.

5. Wenn die Kürbisse gar sind, diese mit der beiseite gestellten Petersilie bestreuen und je eine Hälfte mit etwas Kräuter-Creme servieren.

Lecker gefüllt

Gefüllte Paprika mit Tomatensugo

Zutaten für 4 Personen

2 kleine Zwiebeln
2 Knoblauchzehen
etwas Öl
1 EL Tomatenmark
1 Dose à 400 g Tomaten in Stücken
500 ml Gemüsebrühe
1 Prise Zucker
200 g Champignons
1 Scheibe Toast
500 g Rinderhackfleisch
1 EL gehackte Kräuter
1 Ei
4 Paprikas
Salz und Pfeffer nach Belieben
250 g Langkorn-Reis

Zubereitung

1. Die Zwiebel und den Knoblauch schälen und fein würfeln, in etwas Öl andünsten, die Hälfte aus der Pfanne nehmen und beiseite stellen. Das Tomatenmark in die Pfanne dazu geben und kurz mitdünsten. Mit den Tomaten und der Brühe aufgießen und aufkochen. Mit einer Prise Zucker, Salz und Pfeffer würzen und 5 Minuten köcheln lassen.

2. Die Champignons putzen und klein würfeln, in etwas Öl andünsten und mit Salz und Pfeffer würzen. Das Toastbrot im Multizerkleinerer klein mixen. Das Hack in eine Schüssel geben, die beiseite gestellte gedünstete Zwiebel-Knoblauch-Mischung, die Pilze, das Toastbrot, die Kräuter und das Ei dazu geben, kräftig mit Salz und Pfeffer würzen und gut vermengen.

3. Den Backofen vorheizen. Eine Auflaufform fetten. Den Tomatensugo in die Form geben.

4. Die Paprikas waschen und entweder den Deckel entfernen oder halbieren, die Kerne entfernen und innen mit Salz und Pfeffer würzen. Die Hackmasse in die Paprikas füllen und diese auf den Sugo in die Auflaufform stellen/legen – die Deckel dazu legen. Die gefüllten Paprikas im vorgeheizten Ofen garen. **Backzeit 40–45 Minuten bei 190 °C Ober-/Unterhitze (170 °C Umluft).**

5. In der Zwischenzeit den Reis nach Packungsangaben garen.

6. Die gefüllten Paprikas mit dem Reis und dem Sugo servieren.

Gefüllte Zucchini

Zutaten
für 4 Personen

50 g schwarzer Reis
4 kleine Zucchini
1 rote Zwiebel
1 Knoblauchzehe
2 EL Olivenöl
50 g schwarze Oliven
6 getrocknete Tomaten in Öl
1/2 Bund Petersilie
200 g Feta
1/2 TL Oregano
Salz und Pfeffer nach Belieben
3 EL Pinienkerne
300 ml Gemüsebrühe

Für den Dipp
200 g griechischer Joghurt
100 g Feta
etwas Zitronensaft
Salz und Pfeffer

Zubereitung

1. Den schwarzen Reis nach Packungsangaben garen.

2. Die Zucchini längs halbieren und aushöhlen. Das Zucchinifruchtfleisch klein hacken. Die Zwiebel und Knoblauchzehe schälen und fein hacken. 1 EL Öl in einer Pfanne erhitzen, die Zwiebel, den Knoblauch und die gehackte Zucchinistücke darin anbraten.

3. Die Oliven, die getrockneten Tomaten und die Petersilie hacken und mit dem angedünsteten Gemüse zum Reis geben. Den Feta dazu krümeln und mit Oregano, Salz und Pfeffer würzen.

4. Den Backofen vorheizen und eine Auflaufform fetten. Die Zucchinihälften in die Form legen, mit 1 EL Öl beträufeln und mit Salz und Pfeffer würzen, dann mit der Reismischung füllen und die Pinienkerne darüber streuen. Die Gemüsebrühe in die Auflaufform gießen und die gefüllten Zucchini im vorgeheizten Ofen garen. **Backzeit 20–25 Minuten bei 180 °C Ober-/Unterhitze (160 °C Umluft).**

5. In der Zwischenzeit den Dipp zubereiten. Den Joghurt in eine Schüssel geben, den Feta dazu krümeln und vermengen. Den Feta-Dipp mit etwas Zitronensaft, Salz und Pfeffer abschmecken.

6. Die gefüllten Zucchini mit dem Feta-Dipp servieren.

Muschelnudeln mit Ricotta

Zutaten
für 4 Personen

*300 g große
Muschelnudeln
100 g geriebener
Mozzarella
2 EL Pinienkerne
etwas frischer Basilikum*

Für die Soße
*1 Zwiebel
1 Knoblauchzehe
etwas Öl zum Dünsten
1 EL Tomatenmark
1 TL Zucker
250 g Kirschtomaten
1 Dose à 400 g Tomaten
in Stücken
200 ml Gemüsebrühe
1 TL italienische Kräuter
Salz und Pfeffer
nach Belieben*

Für die Füllung
*1 Zwiebel
1 Knoblauchzehe
250 g Spinat
Salz und Pfeffer
nach Belieben
250 g Ricotta
150 g geriebener Parmesan
1 Bio-Zitrone*

Zubereitung

1. Die Muschelnudeln in reichlich Salzwasser etwas kürzer als die Packungsangaben kochen, abgießen und einzeln auf einem Stück Backpapier auslegen.
2. Für die Soße die Zwiebel und die Knoblauchzehe schälen und fein würfeln, in etwas Öl in einem Topf andünsten, das Tomatenmark und den Zucker dazu geben und kurz mitdünsten. Die Kirschtomaten halbieren und mit den Dosentomaten, der Gemüsebrühe und den Kräutern dazu geben, mit Salz und Pfeffer würzen und aufkochen.
Bei schwacher Hitze 10–15 Minuten köcheln lassen.
3. Den Backofen voheizen und eine große Auflaufform fetten.
4. Für die Füllung die Zwiebel und den Knoblauch schälen und fein würfeln und in etwas Öl in einer Pfanne andünsten. Den Spinat waschen und die groben Stiele entfernen, portionsweise in die Pfanne geben und etwas zusammenfallen lassen. Mit Salz und Pfeffer würzen, aus der Pfanne nehmen und hacken. Den Ricotta in eine Schüssel geben, den Spinat dazu geben und vermengen, den Parmesan untermischen, die Zitronenschale abreiben und dazu geben und alles mit Salz und Pfeffer abschmecken.
5. Die Tomatensoße in die Auflaufform geben. Jede Muschelnudel mit einem gehäuften Teelöffel Ricotta-Spinatmasse füllen und in die Tomatensoße setzen. Alles mit dem Mozzarella bestreuen und im Ofen überbacken.
Backzeit 20–25 Minuten bei 180 °C Ober-/Unterhitze (160 °C Umluft).
6. Die Pinienkerne in einer Pfanne ohne Fett rösten. Den Basilikum fein schneiden. Beides über die gefüllten Muschelnudeln streuen und servieren.

Ofenkartoffeln und Salat

Zutaten für 4 Personen

Für die Kartoffeln

1 kg mehlig kochende große Kartoffeln (mindestens 4 Stück)
etwas Öl
125 g Speckwürfel
3 Frühlingszwiebeln
50 g weiche Butter
150 g Kräuterfrischkäse
50 g + 50 g geriebener Käse
Salz und Pfeffer nach Belieben
200 g Saure Sahne
Schnittlauch zum Bestreuen

Für den Salat

1 Kopfsalat
150 g Saure Sahne
60–120 ml Buttermilch
2 EL Mayonnaise
3 EL Schnittlauchröllchen
1 Knoblauchzehe
1–2 EL Zitronensaft
Zucker
Salz und Pfeffer nach Belieben

(Ergibt etwas mehr Dressing als nötig, der Rest hält sich im Kühlschrank bis zu einer Woche.)

Zubereitung

1. Den Backofen vorheizen, das Ofengitter und ein Backblech mit Backpapier bereit legen.
2. Die Kartoffeln gut waschen, trocknen und mit einer Gabel mehrmals einstechen, mit etwas Öl einreiben und auf das Backofengitter legen und backen.
   Backzeit je nach Kartoffelgröße 60–75 Minuten bei 220 °C Ober-/Unterhitze (200 °C Umluft)
3. Die Kartoffeln aus dem Ofen nehmen und leicht abkühlen lassen. Die Speckwürfel anbraten. Die Frühlingszwiebeln in Ringe schneiden. Die Kartoffeln halbieren und das Innere mit einem Löffel auskratzen, einen kleinen Rand stehen lassen.
4. Das Kartoffelinnere mit der Butter, den Speckwürfeln, dem Frischkäse und den Frühlingszwiebeln vermengen. Zum Schluss 50 g Käse untermengen und mit 1/4 TL Pfeffer und falls nötig etwas Salz würzen. Die Masse in die Kartoffelhälften füllen und auf das Backblech legen. Den restlichen Käse darüber streuen. Im Backofen überbacken.
   Backzeit 15–20 Minuten bei 200 °C Ober-/Unterhitze (180 °C Umluft)
5. In der Zwischenzeit den Salat waschen und in Stücke zupfen. Für das Dressing die Saure Sahne, 60 ml Buttermilch, die Mayonnaise und den Schnittlauch verrühren. Die Knoblauchzehe schälen und dazu pressen. So viel der restlichen Buttermilch hinzufügen, bis das Dressing die gewünschte Konsistenz hat. Mit Zitronensaft, Zucker, Salz und Pfeffer abschmecken.
6. Den Salat mit etwas Dressing anmachen und die Kartoffeln mit der Sauren Sahne und etwas Schnittlauch bestreut servieren.

Stück für Stück

Herzhafter Kuchengenuss

Bunte-Gemüse-Tartelettes

Zutaten
für 4 Tartlettes à 12 cm

1 Rolle Blätterteig
aus dem Kühlregal
etwas Butter
150 g Schmand
40 g Parmesan
1 Ei
1 EL gehackte Kräuter
Salz und Pfeffer
nach Belieben
2 kleine Zucchini
1 kleine Aubergine
2 Karotten
etwas Olivenöl

Zubereitung

1. Den Blätterteig aus dem Kühlschrank nehmen und 10 Minuten liegen lassen. Vier kleine Tartelette-Förmen mit etwas Butter fetten.

2. Den Schmand mit dem Parmesan, dem Ei und den gehackten Kräutern verrühren und mit Salz und Pfeffer würzen. Die Zucchini und die Aubergine waschen, die Karotten schälen. Das Gemüse mit dem Sparschäler in feine Streifen schneiden.

3. Den Backofen vorheizen. Den Blätterteig ausrollen und die Tartelette-Formen damit auslegen. Die Schmandcreme in den Formen verteilen.

4. Die Gemüsestreifen aufrollen und in die Formen verteilen. Die Röllchen eventuell halbieren. Falls die Karotten zu hart zum Rollen sind, die Streifen kurz in etwas siedendem Salzwasser blanchieren, dann aufrollen.

5. Die Röllchen mit etwas Öl bestreichen und mit Salz und Pfeffer würzen. Die Gemüse-Tartelettes im vorgeheizten Ofen backen.
Backzeit 50 Minuten bei 180 °C Ober-/Unterhitze (160 °C Umluft).
Nach der halben Backzeit mit Alufolie abdecken.

6. Die Tartelettes aus dem Ofen nehmen, 10 Minuten ruhen lassen, dann aus der Form lösen und Servieren. Dazu passt ein frischer Blattsalat.

Cheeseburger-Tarte

Zutaten
für eine 28-cm-Tarte

Für den Mürbteig-Boden
300 g Weizenmehl Type 405
1/2 TL Salz
1 Prise Zucker
190 g + etwas kalte Butter
1 Ei

Für die Füllung
500 g Rinderhackfleisch
etwas Öl zum Braten
2 Zwiebeln
Salz und Pfeffer
nach Belieben
2 Eier
4 EL Semmelbrösel
1 EL Senf
3 EL Ketchup
150 g + 50 g geriebener
Cheddarkäse
10–12 Scheiben
Burger-Gurken
1 Fleischtomate
etwas Sesam

Zubereitung

1. Die Tarteform mit etwas Butter einfetten. Für den Mürbteig das Mehl, das Salz und den Zucker in eine Rührschüssel geben und gut vermengen, die kalte Butter in kleinen Würfeln dazu geben und rasch in das Mehl einarbeiten, das Ei und 3–4 EL eiskaltes Wasser dazu geben und kurz zusammen kneten. Etwa 100 g abtrennen und beiseite legen. Den restlichen Teig rund ausrollen (ca. Ø 32 cm) und in die Form legen, die überstehenden Ränder abschneiden, mit Frischhaltefolie abgedeckt eine Stunde kalt stellen. Die 100 g Teig dünn ausrollen und auf einem Teller kalt stellen.

2. In der Zwischenzeit das Hackfleisch in etwas Öl anbraten. Die Zwiebeln schälen und fein würfeln, zum Hack geben und kurz mitbraten. Alles mit Salz und Pfeffer kräftig würzen und etwas abkühlen lassen.

3. Den Backofen vorheizen. Ein Ei trennen, das Eigelb beiseite stellen, das Eiklar mit dem zweiten Ei zur Hackmasse geben. Die Semmelbrösel, den Senf, den Ketchup und 150 g Cheddar hinzufügen, vermengen und mit Salz und Pfeffer würzen.

4. Die Masse auf dem Mürbeteigboden verteilen, die Gurkenscheiben darauf legen. Die Tomate in dünne Scheiben schneiden und auf die Gurken legen. Alles mit den 50 g Käse bestreuen. Den restlichen Teig in verschieden große Kreise ausstechen und auf dem Käse verteilen. Das Eigelb verquirlen und die Teigkreise damit bestreichen, mit etwas Sesam bestreuen, in den Ofen schieben und backen. **Backzeit 35–40 Minuten bei 180 °C Ober-/Unterhitze (160 °C Umluft).**

5. Die Tarte aus dem Ofen nehmen und 10 Minuten ruhen lassen.

Grüner-Spargel-Quiche

Zutaten
für eine 20x25 cm Quiche

Für den Boden
150 g Weizenmehl Type 550
75 g gemahlene Mandeln
1/2 TL brauner Zucker
1/2 TL Salz
100 g + etwas kalte Butter
1 Ei

Für die Füllung
500 g grüner Spargel
1 Knoblauchzehe
1/2 Bund Petersilie
200 g Crème Fraîche
100 ml Milch
2 Eier
Salz und Pfeffer
nach Belieben
100 g geriebener
Parmesan

Zubereitung

1. Für den Boden das Mehl, die Mandeln, den Zucker und das Salz vermengen, die kalte Butter in Würfeln dazu geben und rasch einarbeiten, das Ei kurz unterkneten. Die Quicheform mit etwas Butter einfetten, den Teig ausrollen und in die Form legen, überstehende Ränder abschneiden, mit Frischhaltefolie bedeckt ca. 1 Stunde kalt stellen.

2. Den Spargel waschen und die Enden abschneiden. Den Spargel in Salzwasser 3 Minuten blanchieren, anschließend in eiskaltem Wasser abschrecken und gut abtropfen lassen. Den Backofen vorheizen.

3. Die Knoblauchzehe schälen und fein würfeln, die Petersilie hacken. Die Crème Fraîche mit der Milch und den Eiern verquirlen, den Knoblauch und die Petersilie unterrühren und mit Salz und Pfeffer würzen.

4. Den Boden aus dem Kühlschrank nehmen, die Spargelstangen in die Form legen, mit der Eiermischung übergießen und mit dem Parmesan bestreuen. Die Quiche im vorgeheizten Ofen backen. **Backzeit 35–40 Minuten bei 220°C Ober-/Unterhitze (200°C Umluft)**

5. Die Spargel-Quiche aus dem Ofen nehmen und vor dem Anschneiden 10–15 Minuten ruhen lassen.

Kürbis-Quiche mit Kabanossi

Zutaten
für eine 28-cm-Quiche

Für den Mürbteig
240 g Weizenmehl Type 550
1/2 TL Salz
1 Prise Zucker
150 g +etwas kalte Butter
1 Ei

Für die Füllung
1 rote Zwiebel
1/2 Stange Lauch
200 g Kabanossi
350 g Hokkaidokürbis
etwas Öl
130 g Bergkäse
3 Eier
100 ml Sahne
50 ml Milch
1/2 TL Thymian
Muskat
Salz und Pfeffer
nach Belieben
1 EL Kürbiskerne

Zubereitung

1. Die Quicheform mit etwas Butter einfetten. Für den Mürbteig das Mehl, das Salz und den Zucker in eine Rührschüssel geben und gut vermengen, die kalte Butter in kleinen Würfeln dazu geben und rasch mit den Knethaken oder von Hand in das Mehl einarbeiten, das Ei und 2–4 EL eiskaltes Wasser dazu geben und kurz zusammen kneten. Den Teig rund ausrollen (ca. Ø 34 cm) und in die Form legen, die überstehenden Ränder abschneiden, mit Frischhaltefolie abgedeckt eine Stunde kalt stellen.
2. Den Backofen vorheizen. Die Zwiebel schälen, halbieren und in Streifen schneiden, den Lauch waschen und in Ringe schneiden. Die Kabanossi in Scheiben und den Kürbis in Würfel schneiden. Das Gemüse nacheinander in etwas Öl andünsten.
3. Den Boden mit einer Gabel mehrere Male einstechen und im Ofen vorbacken.
Backzeit 10 Minuten 180 °C Ober-/Unterhitze (160 °C Umluft).
Aus dem Ofen nehmen.
4. Das Gemüse und die Kabanossi auf dem Boden verteilen. Den Käse reiben und über das Gemüse streuen. Die Eier, die Milch, die Sahne und den Thymian verquirlen, mit Muskat, Salz und Pfeffer kräftig würzen und in die Form gießen. Die Quiche im Ofen backen.
Backzeit 40–45 Minuten 180 °C Ober-/Unterhitze (160 °C Umluft)
Eventuell nach der Hälfte der Backzeit abdecken.
5. Die Quiche aus dem Ofen nehmen und 10 Minuten ruhen lassen. Mit gerösteten Kürbiskernen bestreuen und servieren.

Pizza-Quiche

Zutaten
für 30 cm Pizzablech

Für den Teig
5 g Trockenhefe
1 Prise Zucker
200 g Weizenmehl Type 405
1/2 TL Salz
2 EL Olivenöl

Für die Füllung
1 rote Zwiebel
1 kleine rote Paprika
100 g Champignons
etwas Öl zum Braten
100 g Mini-Salami
100 g Schinken
50 g schwarze Oliven
3 Eier
50 ml Milch
100 ml Sahne
100 g geriebener Mozzarella
50 g frisch geriebener Parmesan
1 TL Oregano
Salz und Pfeffer nach Belieben

Für den Belag
4 EL Pizzasoße
60 g geriebener Mozzarella

Zubereitung

1. Für den Teig 100 ml lauwarmes Wasser mit der Hefe und dem Zucker verrühren und 5 Minuten ruhen lassen. Das Mehl mit dem Salz verrühren, das Hefewasser und das Öl dazu geben und alles 7 Minuten lang zu einem glatten elastischen Teig kneten. Den Teig zugedeckt an einem warmen Ort etwa eine Stunde gehen lassen.

2. Den Backofen vorheizen. Für die Füllung die Zwiebel schälen und fein würfeln, die Paprika waschen, die Kerne entfernen und in kleine Würfel schneiden, die Champignons putzen (einen beiseite legen) und würfeln. Alles in einer Pfanne in etwas Öl andünsten, mit Salz und Pfeffer würzen und abkühlen lassen. Die Salami in Scheiben schneiden (ein paar Scheiben beiseite legen), den Schinken in kleine Würfel schneiden und die Oliven in Ringe.

3. Die Eier mit der Milch und der Sahne verquirlen, das gedünstete Gemüse, Salami, Schinken, Oliven, den geriebenen Käse und den Oregano untermischen und mit Salz und Pfeffer würzen.

4. Ein Backpapier rund zuschneiden, den Teig darauf ausrollen und in die Form legen. Die Füllung darauf verteilen und in den Ofen schieben.
Backzeit 25 Minuten bei 180 °C Ober-/Unterhitze (160 °C Umluft)

5. Die Quiche aus dem Ofen nehmen, die Pizzasoße darauf verteilen, mit dem Käse bestreuen, die beiseitegelegten Salami- und Pilzscheiben darauf verteilen. Nochmals in den Ofen schieben.
Backzeit 10–15 Minuten bei 180 °C Ober-/Unterhitze (160 °C Umluft)

6. Die Pizza-Quiche aus dem Ofen nehmen und 10 Minuten ruhen lassen, dann servieren.

Tomaten-Galette

Zutaten
für eine 26-cm-Galette

Für den Mürbteig-Boden
200 g Weizenmehl Type 405
1/2 TL Salz
1 Prise Zucker
120 g kalte Butter
1 Ei

Für den Belag
1 Knoblauchzehe
1 EL Butter
1 EL Mehl
100 ml Milch
1/4 TL Oregano
30 g geriebener Parmesan
1 Fleischtomate
125 g Kirschtomaten
1 EL Olivenöl
Pinienkerne
frischer Basilikum

Zubereitung

1. Ein Backblech mit Backpapier auslegen. Für den Mürbteig das Mehl, das Salz und den Zucker in eine Rührschüssel geben und gut vermengen, die kalte Butter in kleinen Würfeln dazu geben und rasch mit den Knethaken oder von Hand in das Mehl einarbeiten, das Ei trennen, das Eigelb beiseite stellen und das Eiklar mit 3 EL eiskaltem Wasser dazu geben und kurz zusammen kneten. Den Teig rund ausrollen (ca. Ø 30 cm) und auf das Blech legen, mit Frischhaltefolie abgedeckt kalt stellen.

2. Den Knoblauch schälen und fein würfeln, die Butter in einem kleinen Topf erhitzen, den Knoblauch darin glasig dünsten, das Mehl dazu geben und kurz rösten. Nach und nach unter Rühren mit der Milch aufgießen, 1 Minute leicht köcheln lassen, den Oregano und den Parmesan einrühren und mit Salz und Pfeffer würzen. Kurz abkühlen lassen. Den Backofen vorheizen.

3. Den Teig aus dem Kühlschrank nehmen, die Soße darauf verteilen, dabei einen 6 cm hohen Rand lassen. Die Tomaten waschen und trocknen, in Scheiben schneiden. Zuerst die großen Scheiben auf der Soße verteilen dann die Lücken mit den kleinen auffüllen. Die Tomaten mit Salz und Pfeffer würzen und mit Olivenöl beträufeln und Pinienkernen bestreuen. Den Rand nach oben klappen, das übrige Eiklar verquirlen und den Rand damit bestreichen. Die Galette im vorgeheizten Ofen backen. **Backzeit 30–35 Minuten bei 180 °C Ober-/Unterhitze (160 °C Umluft).**

4. Die Tomaten-Galette aus dem Ofen nehmen und 10 Minuten ruhen lassen. Dazu passt zum Beispiel ein grüner Feldsalat.

Zwiebel-Tarte

Zutaten
für eine 28-cm-Tarte

Für den Mürbteig
250 g Dinkelmehl Type 630
1 TL Salz
1 TL Zucker
200 g +etwas kalte Butter

Für die Füllung
4–5 (ca. 600 g)
große rote Zwiebeln
2 EL Olivenöl
2 EL Butter
1/2 TL Salz
1 TL Zucker
1 EL Balsamico Essig
100 ml Brühe
150 ml Milch
50 ml Sahne
3 Eier
150 g Gruyère
Salz und Pfeffer
nach Belieben

Zubereitung

1. Die Tarteform mit etwas Butter einfetten. Für den Mürbteig das Mehl, das Salz und den Zucker gut vermengen, die kalte Butter in kleinen Würfeln dazu geben und rasch in das Mehl einarbeiten, 3–4 EL eiskaltes Wasser dazu geben und kurz zusammen kneten. Den Teig rund ausrollen (ca. Ø 36 cm) und in die Form legen, die überstehenden Ränder abschneiden, abgedeckt eine Stunde kalt stellen.

2. Für die Füllung die Zwiebeln, schälen, halbieren und in feine Streifen schneiden. Das Olivenöl erhitzen, die Butter und die Zwiebeln dazu geben und gut vermengen, bei schwacher Hitze mit Deckel 15 Minuten dünsten lassen, das Salz und den Zucker einrühren und offen weitere 10–15 Minuten dünsten, dabei immer wieder umrühren. Den Essig und die Brühe dazu geben und so lange köcheln lassen, bis die Brühe fast komplett eingekocht ist. Mit Salz und Pfeffer abschmecken.

3. Den Backofen vorheizen. Den Mürbteig mit Backpapier belegen und mit Blindbackkugeln befüllen und vorbacken.
Backzeit 14 Minuten bei 200 °C Ober-/Unterhitze (180 °C Umluft).
Das Backpapier mit den Blindbackkugeln entfernen und weitere 7 Minuten backen. Kurz abkühlen lassen.

4. Die Milch, Sahne und Eier verquirlen und würzen. Die Hälfte des Käses auf den Boden streuen, die Zwiebeln darauf verteilen, mit dem restlichen Käse bestreuen und die Milchmischung darüber gießen.

5. Die Tarte im Ofen goldbraun backen.
Backzeit 30 Minuten bei bei 200 °C Ober-/Unterhitze (180 °C Umluft)

6. Die Tarte vor dem Anschneiden 10–15 Minuten ruhen lassen.

Alles vom Blech

Es darf auch einfach sein

Fajitas vom Blech

Zutaten
für 4 Personen

2 Zwiebeln
je 1 rote, grüne und
gelbe Paprika
600 g Rindersteak
4 EL Rapsöl
1 TL Parikapulver
1/2–1 TL Cayennepfeffer
1 TL Kreuzkümmel
Salz und Pfeffer
nach Belieben
8 kleine Tortilla-Wraps
2 Limetten
200 g Saure Sahne
1 Avocado
50 g Joghurt
1 Bund Koriander

Zubereitung

1. Den Backofen vorheizen und ein Backblech bereit legen.

2. Die Zwiebeln schälen, die Paprikas waschen und entkernen, die Steaks trocken tupfen, alles in Streifen schneiden und auf dem Blech verteilen. Alles mit dem Öl beträufeln, mit den Gewürzen bestreuen und vermengen. Das Blech in den Ofen schieben und garen. **Backzeit 12–15 Minuten bei 220 °C Ober-/Unterhitze (200 °C Umluft).**

3. In der Zwischenzeit eine Limette in Spalten schneiden, von der andere Limette die Schale abreiben und den Saft auspressen. Die Limettenschale und die Hälfte des Saftes unter die Saure Sahne mischen und mit Salz und Pfeffer würzen. Die Avocado entkernen, schälen fein pürieren und mit dem Joghurt und dem restlichen Saft verrühren, mit Salz und Pfeffer würzen.

4. Die Tortilla-Wraps auf einem weiteren Blech verteilen und mit etwas Wasser besprühen. Das Fleischblech aus dem Ofen nehmen, den Ofen ausschalten, die Wraps 2 Minuten im Ofen erwärmen.

5. Die Wraps mit dem Fleisch, den Dipps, den Limettenspalten und dem Koriander servieren.

Kartoffel-Bohnen-Blech

Zutaten
für 4 Personen

700 g kleine Kartoffeln
400 g Krakauer
350 g Bohnen
(frisch oder TK)
3 EL Knoblauch-Chili-Öl
1 TL Thymian
Salz und Pfeffer
nach Belieben

Zubereitung

1. Den Backofen vorheizen und ein Backblech fetten oder mit Backpapier auslegen.
2. Die Kartoffeln waschen, in kleine Stücke schneiden und aufs Bleche geben. Mit 2 EL Öl beträufeln und kräftig mit Salz und Pfeffer würzen. Blech in den vorgeheizten Ofen schieben. **Backzeit 15 Minuten bei 200 °C Ober-/Unterhitze (180 °C Umluft).**
3. Die Bohnenenden abschneiden, die Krakauer schneiden. Das Blech aus dem Ofen nehmen, die Bohnen und die Wurst darauf verteilen, mit dem restlichen Öl beträufeln und dem Thymian bestreuen, alles einmal durchmischen. Im Ofen fertig garen. **Backzeit 20–25 Minuten Minuten bei 200 °C Ober-/Unterhitze (180 °C Umluft).**
4. Das Blech aus dem Ofen nehmen und servieren.

DORFLADEN
BOLSTERLANG

Einkaufen mit Kaffeepause

- Frische regionale Produkte
- tägl. hausgemachte Eintöpfe und Speisen auch zum mitnehmen
- Frühstück
- Mittagstisch

täglich durchgehend für Sie geöffnet

Mo. - Fr. 7 - 18 Uhr	Tel. 0 83 26-386 79 87
Sa. 7 - 16 Uhr	mobil 0170-783 63 15
So. 7 - 12 Uhr	www.dorfladen-bolsterlang.de

Lachs-Blech mit Kartoffeln

Zutaten
für für 4 Personen

1 kg kleine Kartoffeln
etwas Öl
500 g Brokkoli
1 Bio-Zitrone
4 Lachsfilets
1–2 EL Ahornsirup
Salz und Pfeffer
nach Belieben

Zubereitung

1. Den Backofen vorheizen und ein Backblech mit Backpapier auslegen oder fetten.

2. Die Kartoffeln gut waschen und trocknen, fächerartig einschneiden, mit Öl einpinseln, auf dem Blech verteilen und mit Salz und Pfeffer würzen. Im vorgeheizten Ofen garen.
Backzeit 40 Minuten bei 200 °C Ober-/Unterhitze (180 °C Umluft)

3. Den Brokkoli in Röschen schneiden, die Stiele schälen und in Stücke schneiden. Die Zitrone in dünne Scheiben schneiden, den Lachs trocken tupfen mit Salz und Pfeffer würzen und mit etwas Zitronensaft beträufeln.

4. Den Brokkoli und den Lachs zu den Kartoffeln auf das Blech legen, alles mit dem Ahornsirup beträufeln, würzen und weiter garen.
Backzeit 15–20 Minuten bei 200 °C Ober-/Unterhitze (180 °C Umluft)

5. Das Blech aus dem Ofen nehmen und servieren.

Pesto-Hähnchen mit Gnocchi

Zutaten
für 4 Personen

4 Hähnchenbrustfilets
500 g Mini-Rispentomaten
500 g Gnocchi
250 g Mozzarella
4 EL Pesto
etwas Olivenöl
Salz und Pfeffer
nach Belieben
3 Stiele Basilikum
2 EL Pinienkerne

Zubereitung

1. Den Backofen vorheizen und ein Backblech fetten oder mit Backpapier auslegen.

2. Das Hähnchenfleisch trocken tupfen und aufs Backblech legen. Die Tomaten und die Gnocchi drum herum verteilen. Alles mit etwas Olivenöl beträufeln und mit Salz und Pfeffer würzen. Das Blech in den Ofen schieben und backen. **Backzeit 15 Minuten bei 200 °C Ober-/Unterhitze (180 °C Umluft).**

3. Den Mozzarella in 8 Scheiben schneiden. Das Blech aus dem Ofen nehmen, das Pesto auf dem Hähnchenfleisch verteilen, je zwei Mozzarellascheiben drauf legen und wieder in den Ofen schieben. **Backzeit 10–15 Minuten bei 200 °C Ober-/Unterhitze (180 °C Umluft).**

4. Die Basilikumblätter abzupfen und fein schneiden. Die Pinienkerne in einer Pfanne ohne Fett rösten.

5. Das Blech aus dem Ofen nehmen, mit den Pinienkernen und dem Basilikum bestreuen und servieren.

Selbstgemachtes Pesto
gibt es auf den
Seiten 35 und 96.

Regenbogen-Wimmelblech

Zutaten für 4 Personen

Für die Knusperkeulchen
250 ml Buttermilch
125 ml Gewürzgurkenwasser
1+1 TL Paprikapulver
1/2 TL Salz
1/4 TL Pfeffer
1/2 TL Thymian
1 kg Hähnchenunterkeulen
10 EL Semmelbrösel

Für das Gemüse
2 rote Paprikas
2 Karotten
2 gegarte Maiskolben
600 g Kartoffeln
1/2 Brokkoli
2 rote Zwiebeln
200 g Champignons
4 EL Rapsöl
3 EL Ahornsirup
Salz und Pfeffer
nach Belieben

Für den Kräuterdipp
200 g Schmand
100 g Naturjoghurt
4 EL Mayonnaise
1 TL Ahornsirup
3 EL frisch gehackte Kräuter
etwas Zitronensaft
Salz und Pfeffer
nach Belieben

Zubereitung

1. **Am Vortag:** Die Buttermilch, das Gurkenwasser, 1 TL Paprikapulver, das Salz, den Pfeffer und den Thymian miteinander verrühren, die Hähnchenunterkeulen darin über Nacht einlegen.

2. Den Backofen vorheizen, das Ofengitter und ein Blech bereit legen. Die Semmelbrösel mit 1 TL Paprikapulver mischen. Die Keulen aus der Marinade nehmen und in den Semmelbröseln wenden. Die Keulchen auf das Backofengitter legen und gut mit Öl besprühen. Das Gitter mit dem Blech darunter in den Ofen schieben und backen.
   Backzeit 15 Minuten bei 200 °C Ober-/Unterhitze (180 °C Umluft).

3. Die Paprikas waschen, entkernen und in Stücke schneiden, die Karotten schälen und in Scheiben schneiden, die Maiskolben in Scheiben schneiden, die Kartoffeln schälen und klein würfeln, den Brokkoli in Röschen schneiden, die Zwiebeln schälen und in Streifen schneiden, die Champignons halbieren. Das Gemüse außer die Brokkoli auf dem Blech farblich platzieren, etwas Platz für den Brokkoli lassen. Alles mit 3 EL Öl und dem Ahornsirup beträufeln und mit Salz und Pfeffer würzen. Das leere Blech im Ofen mit dem Gemüseblech tauschen und backen.
   Backzeit 30 Minuten bei 200 °C Ober-/Unterhitze (180 °C Umluft).
   Den Brokkoli 15 Minuten vor Backzeitende hinzufügen und mit etwas Öl beträufeln und würzen.

4. In der Zwischenzeit alle Zutaten für den Dipp verrühren, mit Zitronensaft und Salz und Pfeffer abschmecken.

5. Das Gemüse, die Knusperkeulchen und den Dipp zusammen servieren.

Würstchen-Rosenkohl-Blech

**Zutaten
für 4 Personen**

700 g Kartoffeln
500 g Rosenkohl
500 g rohe Bratwürste
3 EL Rapsöl
Salz und Pfeffer
nach Belieben
1 EL flüssiger Honig
1–2 EL Dijonsenf
1 EL süßer Senf
1 Handvoll Mandeln
1/4 Bund Schnittlauch

Zubereitung

1. Den Backofen vorheizen und ein Backblech fetten oder mit Backpapier auslegen.
2. Die Kartoffeln waschen und in Scheiben schneiden und aufs Blech geben. Den Rosenkohl säubern, halbieren und auf dem Blech verteilen. Die Würste nach Belieben in Stücke schneiden oder ganz lassen und mit aufs Blech legen. Alles mit dem Öl beträufeln und kräftig mit Salz und Pfeffer würzen. Das Blech in den vorgeheizten Ofen schieben.
Backzeit 20 Minuten bei 220 °C Ober-/Unterhitze (200 °C Umluft).
3. Den Honig mit dem Senf verrühren. Die Mandeln grob hacken. Das Blech aus dem Ofen nehmen und mit der Honig-Senf-Mischung beträufeln und die Mandeln darüber streuen. Im Ofen fertig garen.
Backzeit 10–15 Minuten Minuten bei 200 °C Ober-/Unterhitze (180 °C Umluft).
4. Den Schnittlauch in Röllchen schneiden. Das Blech aus dem Ofen nehmen, mit dem Schnittlauch bestreuen und servieren.

HELL!
IN ALLER
MUNDE

Der Gaumengenuss zu jedem Ofengericht.

www.hirschbraeu.de

Rund um die Welt

Das Beste aus anderen Ländern

Amerikanische Mac & Cheese

Zutaten
für 4–6 Personen

750 ml Milch
600 ml Gemüsebrühe
1 Knoblauchzehe
500 g Maccaroni oder
Hörnchennudeln
100 g Gruyère
150 g Cheddar
50 g Parmesan
1/2 Bund Schnittlauch
100 g Schmelzkäse
1 TL Senf, Paprikapulver
Salz und Pfeffer
nach Belieben
4 EL Semmelbrösel
2 EL Butter
100 g Frühstücksspeck/
Bacon in Scheiben

Zubereitung

1. Den Backofen vorheizen und eine Auflaufform fetten.
2. Die Milch und die Gemüsebrühe mit den Nudeln in einen Topf geben, die Knoblauchzehe dazu pressen und unter Rühren aufkochen, bei geringer Hitze die Pasta nicht ganz durch kochen, dabei immer wieder umrühren.
3. Den Käse reiben und den Schnittlauch in Röllchen schneiden. Beides mit dem Schmelzkäse und dem Senf unter die Nudeln mischen und mit Paprika, Salz und Pfeffer würzen, dann in die Auflaufform geben und mit den Semmelbröseln bestreuen. Die Butter in kleinen Flocken darauf verteilen. Im Ofen überbacken.
   Backzeit 15–20 Minuten bei 180 °C Ober-/Unterhitze (160 °C Umluft)
4. In der Zwischenzeit den Speck in einer Pfanne knusprig braten.
5. Die Maccaroni aus dem Ofen nehmen, den Speck darüber krümeln und servieren.

Asia-Steak mit Brokkoli

Zutaten
für 4 Personen

100 ml Sojasoße
2 EL flüssiger Honig
2 EL Sesamöl
1/2 TL Pfeffer
2 EL Reisessig oder
Weißweinessig
4 Knoblauchzehen
1 kleines Stück Ingwer
600 g Rindersteaks
250 g Basmatireis
500 g Brokkoli
2 TL Stärke
etwas schwarzer oder
weißer Sesam
Chiliflocken nach Belieben
2 Frühlingszwiebeln

Zubereitung

1. Für die Marinade die Sojasoße, den Honig, das Sesamöl, den Pfeffer und den Essig verrühren. Die Knoblauchzehen und den Ingwer schälen und fein würfeln oder reiben. Die Rindersteaks in sehr dünne Streifen schneiden und eine Stunde in der Marinade im Kühlschrank ziehen lassen.

2. Den Backofen vorheizen und ein Backblech fetten oder mit Backpapier auslegen. Den Reis nach Packungsangaben kochen. Den Brokkoli in Röschen schneiden.

3. Die Steakstreifen aus der Marinade nehmen und auf dem Blech verteilen. Den Brokkoli in der Marinade wenden und zum Fleisch auf das Blech legen. Alles im Backofen garen. **Backzeit 12–15 Minuten bei 220 °C Ober-/Unterhitze (200 °C Umluft).**

4. In der Zwischenzeit die restliche Marinade mit 100 ml Wasser aufkochen. Die Stärke mit etwas Wasser anrühren, in die Marinade einrühren und unter Rühren 5 Minuten kochen lassen.

5. Das Blech aus dem Ofen nehmen, die gekochte Marinade darüber verteilen und etwas Sesam und Chiliflocken darüber streuen. Die Frühlingszwiebeln in feine Ringe schneiden und darüber verteilen, alles mit dem Reis servieren.

Französische Ratatouille

Zutaten
für 4 Personen

4 Hähnchenkeulen
1 TL Paprikapulver
2 EL + extra Öl
1–2 Auberginen
2 Zucchini
2 gelbe Paprikas
250 g Tomaten
2 rote Zwiebeln
2 Knoblauchzehen
2 Zweige Rosmarin
1 TL Thymian
Salz und Pfeffer
nach Belieben
1 Baguettebrot

Zubereitung

1. Den Backofen vorheizen, das Ofengitter bereit legen und die Fettpfanne fetten oder mit Backpapier auslegen.

2. Die Hähnchenkeulen am Gelenk durchtrennen. Das Paprikapulver, 1/2 TL Salz und 1/2 TL Pfeffer mit den 2 EL Öl verrühren. Die Keulen damit einpinseln und auf das Ofengitter legen.

3. Die Auberginen, die Zucchini, die Paprikas und die Tomaten waschen, die Zwiebeln und den Knoblauch schälen. Die Kerne der Paprika entfernen. Alles in Scheiben schneiden und abwechselnd auf das Blech legen. Die Rosmarinzweige dazu geben und alles mit Thymian, Salz und Pfeffer würzen und mit etwas Öl beträufeln.

4. Das Gitter auf die mittlere Schiene des Ofens einschieben, das Blech direkt darunter schieben und garen. **Backzeit 45–50 Minuten bei 180 °C Ober-/Unterhitze (160 °C Umluft)**

5. Die Ratatouille mit den Keulen und dem Baguette servieren.

Griechische Moussaka

Zutaten für 4 Personen

2 Auberginen
300 g Kartoffeln
1 rote Zwiebel
etwas Olivenöl
3 EL Butter
3 EL Mehl
350 ml Milch
1 Gemüsezwiebel
3 Knoblauchzehen
500 g Lammhackfleisch
1 EL Tomatenmark
1 Dose à 400 g Tomaten
in Stücken
150 ml Gemüsebrühe
1 TL Oregano
1/4 TL Zimt
1 Lorbeerblatt
Paprikapulver, Salz und Pfeffer
nach Belieben
1/2–1 Bund Petersilie
1 Ei
100 g griechischer
Hartkäse aus Schafsmilch
(Kefalotyri)

Auch mit Rinderhack ein Genuss!

Zubereitung

1. Den Backofen vorheizen und eine Auflaufform fetten.
2. Die Auberginen waschen und längs in dünne Scheiben schneiden, salzen und 10 Minuten ziehen lassen.
3. Die Kartoffeln und die rote Zwiebel schälen, dünn hobeln, und in die Auflaufform schichten. Alles mit etwas Olivenöl beträufeln, mit Salz und Pfeffer würzen und im Ofen vorgaren. **Backzeit 15 Minuten bei 200 °C Ober-/Unterhitze (180 °C Umluft)**
4. Für die Béchamel-Soße die Butter in einem kleinen Topf erhitzen, das Mehl darin anschwitzen, unter kräftigem Rühren die Milch dazu gießen, eine Minute köcheln lassen, mit Salz und Pfeffer abschmecken.
5. Die Gemüsezwiebel und den Knoblauch schälen und fein würfeln. Das Lammhack kräftig anbraten, die Zwiebel und den Knoblauch hinzufügen und kurz mit andünsten, das Tomatenmark unterrühren, dann mit den Tomaten und der Brühe aufgießen, den Oregano, den Zimt und das Lorbeerblatt dazu geben und mit Paprika, Salz und Pfeffer kräftig würzen. Alles einmal aufkochen, dann bei geringer Hitze 10–15 Minuten köcheln lassen.
6. Die Auberginen trocken tupfen und in einer Pfanne nacheinander von beiden Seiten anbraten. Eine Schicht auf die Kartoffeln legen und mit Pfeffer würzen.
7. Die Petersilie hacken und unter die Hackmasse mischen, auf den Auberginen verteilen, eine weitere Schicht Auberginen auf dem Hack verteilen und mit Pfeffer würzen.
8. Das Ei verquirlen und unter die Béchamel mischen und auf den Auberginen verteilen, dann den Käse darüber reiben und in den heißen Ofen schieben. **Backzeit 30–35 Minuten bei 200 °C Ober-/Unterhitze (180 °C Umluft)**
9. Die Moussaka aus dem Ofen nehmen und 15 Minuten ruhen lassen, dann servieren.

Italienische Polpette al Forno

Zutaten
für 4 Personen

3 Zwiebeln
2 Knoblauchzehen
etwas Olivenöl
1 EL Zucker
2 EL Tomatenmark
2 Dosen Kirschtomaten
200 ml Gemüsebrühe
1 Lorbeerblatt
2 Scheiben Weißbrot
750 g Rinderhackfleisch
1 Ei
4 EL + etwas geriebener
Parmesan
4 Stiele Oregano
Salz und Pfeffer
nach Belieben
etwas frischen Basilikum
1 Laib Ciabatta oder
400 g Pasta

Zubereitung

1. Die Zwiebeln und Knoblauchzehen schälen und fein würfeln, in einem Topf in etwas Olivenöl andünsten, 1/3 davon beiseite stellen. Den Zucker und das Tomatenmark in den Topf geben und mit andünsten, die Tomaten und die Brühe und das Lorbeerblatt dazu geben, mit Salz und Pfeffer würzen, aufkochen und bei schwacher Hitze 30 Minuten köcheln lassen.

2. Das Weißbrot kurz in etwas Wasser einweichen, dann ausdrücken und mit dem Hack in eine Schüssel geben. Die angedünsteten Zwiebeln, das Ei und den Parmesan dazu geben. Die Oreganoblättchen von den Stielen zupfen und hacken, die Hälfte zum Hack, den Rest in die Soße geben. Die Hackmasse kräftig mit Salz und Pfeffer würzen und gut vermengen, dann in 12 gleich große Bällchen formen. Die Bällchen in einer Pfanne von allen Seiten anbraten.

3. Den Backofen vorheizen. Die Soße nochmals abschmecken und in eine Auflaufform füllen, die Bällchen in die Soße setzen und mit etwas Parmesan bestreuen. Im Backofen überbacken. **Backzeit 15–20 Minuten bei 180 °C Ober-/Unterhitze (160 °C Umluft).**

4. Die Polpette mit etwas frischem Basilikum bestreuen und mit Ciabatta oder Pasta servieren.

Italienisches Ofen-Risotto

Zutaten
für 4 Personen

1 Stange Lauch
1 Zwiebel
1 Knoblauchzehe
200 g Champignons
etwas Öl zum Dünsten
250 g Risottoreis
125 ml Weißwein
500 ml Gemüsebrühe
40 g geriebener Parmesan
1 EL Butter

Für das Pesto
80 g Rucola
1 Knoblauchzehe
50 g geriebener Parmesan
40 g Mandeln
80 ml Olivenöl
1/2 Bio-Zitrone

Zubereitung

1. Den Backofen vorheizen. Den Lauch waschen und in Ringe schneiden, die Zwiebel und den Knoblauch schälen und fein würfeln und die Champignons vierteln. In einem backofengeeigneten Topf mit Deckel den Lauch, die Zwiebel, den Knoblauch und die Pilze in etwas Öl andünsten, den Reis dazu geben und glasig dünsten. Alles mit dem Wein und der Brühe ablöschen und aufkochen.

2. Den Topf mit dem Deckel verschließen und in den vorgeheizten Ofen geben. Das Risotto im Ofen garen. **Backzeit 18–20 Minuten bei 180 °C Ober-/Unterhitze (160 °C Umluft)**

3. In der Zwischenzeit das Pesto zubereiten. Den Rucola grob hacken, mit der Knoblauchzehe, dem Parmesan und den Mandeln fein pürieren, das Olivenöl dazu geben. Die Schale der Zitrone abreiben und dazu geben. Das Pesto mit Salz und Pfeffer abschmecken.

4. Wenn der Risottoreis gar ist, den Parmesan und die Butter zum Risotto geben und vermengen, alles mit Salz, Pfeffer und etwas Zitronensaft abschmecken.

5. Das Risotto mit einem Klecks Pesto servieren.

Mexikanische Enchiladas

Zutaten für 4 Personen

Für die Salsa
400 g Romatomaten
1 kleine Zwiebel
1 Knoblauchzehe
1 Jalapeño
1/2 Bund Koriander
1 Bio-Limette
Zucker
Salz und Pfeffer
nach Belieben

Für die Enchiladas
1 Zwiebel
2 Knoblauchzehen
500 g Rinderhackfleisch
etwas Öl zum Braten
2–4 EL Ketchup, Salz, Pfeffer,
Kreuzkümmel und Chilipulver
nach Belieben
1 kleine Dose Mais
100 g schwarze Oliven
in Scheiben
4 große Tortilla-Wraps
4 Frühlingszwiebeln
300 g geriebener Cheddar
1/2 Bund Koriander
20 g Butter
20 g Mehl
300 ml Milch
1 Römersalatherz
200 g Saure Sahne
3 Jalapeños
Tortilla-Chips

Zubereitung

1. Den Backofen vorheizen und eine Auflaufform fetten.
2. Für die Salsa die Tomaten entkernen, Zwiebel und Knoblauch schälen, Jalapeño eventuell entkernen. Alles in Stücke schneiden und mit den Korinaderblättern im Multizerkleinerer grob hacken. Den Abrieb der Limette dazu geben und mit Limettensaft, Zucker, Salz und Pfeffer abschmecken.
3. Die Zwiebel und den Knoblauch fein würfeln. Das Hackfleisch in etwas Öl krümelig braten, die Zwiebel und den Knoblauch kurz mit anbraten. Den Ketchup und 4 EL der Salsa unterrühren, dann mit Salz, Pfeffer, Kreuzkümmel und Chilipulver würzen. Den Mais und die Oliven abgießen. Die Frühlingszwiebeln in Ringe schneiden und untermischen.
4. Die Hackmischung auf die Wraps verteilen und 100 g Käse darauf streuen. Den Koriander grob hacken und darüber geben. Jeden Wrap aufrollen und in die Form legen.
5. Die Butter in einem Topf erwärmen, das Mehl anschwitzen, unter kräftigem Rühren mit der Milch aufgießen, aufkochen und 1 Minuten unter Rühren köcheln lassen. Vom Herd nehmen, 100 g Cheddar einrühren und mit Salz und Pfeffer würzen. Die Käsesoße über den Enchiladas verteilen, den restlichen Käse darauf streuen und im vorgeheizten Ofen backen.
   Backzeit 25–30 Minuten bei 200 °C Ober-/Unterhitze (180 °C Umluft)
6. Die Enchiladas mit dem Salat, der Sauren Sahne, den Jalapeños in Würfel geschnitten, der restlichen Salsa und den Tortilla-Chips servieren.

Schwedische Kohlrouladen

Zutaten
für 4 Personen

80 g Rundkornreis
250 ml Milch
1 Kopf Wirsing
(alternativ Weißkohl)
4 EL Butter + etwas für
die Form
1 Zwiebel
600 g Hackfleisch
4 Zweige Thymian
1 Ei
Salz
Pfeffer
Muskat und Piment
nach Belieben
3 EL Zuckerrübensirup
200 ml Bratenfond
600–800 g festkochende
Kartoffeln
200 ml Sahne
1–2 TL Speisestärke
1 Glas Wildpreiselbeeren

Zubereitung

1. Den Reis mit der Milch in einem Topf unter Rühren aufkochen, Hitze reduzieren und 18–20 Minuten quellen lassen, ab und zu umrühren. Mit einer Gabel auflockern und abkühlen lassen.

2. Die äußeren 12 Blätter des Wirsings vorsichtig vom Strunk lösen – darauf achten, dass sie ganz bleiben. In einem großen Topf die Wirsingblätter nacheinander in etwas Salzwasser 1 Minuten blanchieren, etwas abkühlen lassen und den dicken Strunk flach abschneiden.

3. Den Backofen vorheizen und eine Auflaufform mit etwas Butter einfetten.

4. Die Zwiebel fein würfeln und in 1 EL Butter glasig dünsten. Mit dem Hack, dem Reis, den fein gehackten Thymianblättern und dem Ei vermengen, mit Salz, Pfeffer, Muskat und Piment gut würzen. Die Hackmasse in 12 gleich große Stücke teilen, auf das Strunkende der Kohlblätter setzen, die Seiten einschlagen, aufrollen, mit der Öffnung nach unten in die Auflaufform setzen.

5. 2 EL Butter und 2 EL Zuckerrübensirup erwärmen und glatt rühren. Die Kohlrouladen damit einpinseln. Im vorgeheizten Ofen goldbraun backen.
Backzeit 25 Minuten bei 180 °C Ober-/Unterhitze (160 °C Umluft)

6. Den Bratenfond zu den Rouladen gießen und die Temperatur erhöhen und fertig backen.
Backzeit 20–25 Minuten bei 200 °C Ober-/Unterhitze (180 °C Umluft)

7. Die Kartoffeln pellen und in kochendem Salzwasser bei mittlerer Hitze 15–20 Minuten garen.

8. Den Fond in einen kleinen Topf geben, mit der Sahne verrühren, aufkochen und mit der Stärke andicken. Mit 1 EL Zuckerrübensirup, Salz und Pfeffer abschmecken.

9. Die Kohlrouladen mit den Salzkartoffeln, der Soße und Wildpreiselbeeren servieren.

Spanische Paella aus dem Ofen

Zutaten
für 4 Personen

250 g TK-Meeresfrüchte
1 l Gemüsebrühe
2 Hähnchenbrustfilets
1 große Zwiebel
2 Knoblauchzehen
1 rote Paprika
etwas Öl zum Braten
250 g Paella-Reis
0,3 g Safranfäden oder
1/4 TL Kurkuma
1/2 TL Paprikapulver
1 TL Thymian
1 Lorbeerblatt
Salz und Pfeffer
nach Belieben
100 g TK-Erbsen
8 Riesengarnelen oder
4 Kaisergranaten
1/2 Bund Petersilie
1 Bio-Zitrone

Zubereitung

1. Die Meeresfrüchte auftauen lassen.
2. Den Backofen vorheizen. Die Gemüsebrühe erhitzen.
3. Das Hähnchenfleisch in Stücke schneiden, die Zwiebel und den Knoblauch schälen und fein würfeln, die Paprika waschen, entkernen und in kleine Stücke schneiden.
4. Etwas Öl in einer backofengeeigneten großen Pfanne (mit Deckel) erhitzen, die Hähnchen darin anbraten, die Paprika kurz mitbraten und aus der Pfanne nehmen. Die Zwiebel und den Knoblauch in der Pfanne andünsten, den Reis dazu geben und mit anschwitzen, bis er glasig ist, mit der Brühe aufgießen und aufkochen. Den Safran oder Kurkuma, das Paprikapulver, den Thymian und das Lorbeerblatt dazu geben und mit Salz und Pfeffer würzen. Die Pfanne mit dem Deckel verschließen und in den Ofen geben und gar ziehen lassen. **Backzeit 15 Minuten bei 200 °C Ober-/Unterhitze (180 °C Umluft)**
5. Die Pfanne aus dem Ofen nehmen, das Hähnchen, die Paprika, die Erbsen und die Meeresfrüchte unterrühren. Die Garnelen dekorativ darauf platzieren, mit dem Deckel verschließen und wieder in den Ofen schieben. **Backzeit 15 Minuten bei 200 °C Ober-/Unterhitze (180 °C Umluft)**
6. Die Petersilie hacken und die halbe Zitrone in Scheiben schneiden, die andere Hälfte auspressen.
7. Die Paella aus dem Ofen nehmen, mit dem Zitronensaft beträufeln, mit der Petersilie bestreuen und mit den Zitronenscheiben garniert servieren.

Für den Süßhunger

Was Süßes geht immer

Arme-Ritter-Auflauf

Zutaten für 4–6 Personen

Butter für die Form
1 Laib Brioche-Brot vom Vortag
6 Eier
400 ml Milch
200 ml Sahne
2 EL brauner Zucker
1 TL Zimt
1 Prise Salz
gehobelte Mandeln und Puderzucker zum Bestreuen
Ahornsirup zum Servieren

Zubereitung

1. Den Backofen vorheizen und eine Auflaufform mit etwas Butter fetten.

2. Das Brioche in Scheiben schneiden. Die Eier verquirlen und mit der Milch, der Sahne, dem Zucker, dem Zimt und dem Salz verrühren. Die Briochescheiben in die Mischung legen und kurz ziehen lassen. Wenn die Scheiben gut getränkt sind, diese in die Auflaufform schichten. Die restliche Eiermischung darüber gießen.

3. Ein paar gehobelte Mandeln über die Brotscheiben streuen, den Auflauf in den Ofen schieben und backen. **Backzeit 25–30 Minuten 180 °C Ober-/Unterhitze (160 °C Umluft)**

4. Den Arme-Ritter-Auflauf aus dem Ofen nehmen und mit Puderzucker bestreut mit Ahornsirup servieren.

Kein Brioche zur Hand?
Alternativ den Auflauf mit Hefezopf, Toastbrot oder Baguette zubereiten.

Blaubeer-Michel

Zutaten für 4 Personen

Butter für die Formen
250 g altbackene Brötchen
oder Zopfbrot
300 ml Milch
60 g weiche Butter
3–4 EL Zucker
4 Eier
1/4 TL Zimt
200 g (TK-)Blaubeeren
Puderzucker zum
Bestreuen
frische Blaubeeren
zum Servieren

Zubereitung

1. Den Backofen vorheizen und 4 kleine oder eine große Auflaufform mit etwas Butter fetten.

2. Das Brot in kleine Würfel schneiden. Die Milch erwärmen und über die Würfel gießen, vorsichtig vermengen – die Würfel sollten gut getränkt sein.

3. Die Butter mit dem Zucker cremig rühren, die Eier einzeln nacheinander unterrühren, den Zimt gut untermischen. Dann die Masse vorsichtig unter die Brotwürfel heben und mit den Blaubeeren in die Auflaufförmchen schichten.

4. Die Michel im vorgeheizten Ofen backen. **Backzeit 25–30 Minuten 180 °C Ober-/Unterhitze (160 °C Umluft)**

5. Die Blaubeer-Michel aus dem Ofen nehmen, mit Puderzucker und frischen Blaubeeren bestreuen und servieren.

Dazu passt die
Vanillesoße von Seite 111.

Für den Süßhunger

Buchteln mit Vanillesoße

Zutaten
für 6 Personen

Für die Buchteln
250 ml Milch
1/2 Würfel Hefe
1 Prise + 40 g + 2 EL Zucker
80 g + etwas Butter
500 g Weizenmehl Type 405
1 Pck Vanillezucker
1 Prise Salz
1 Ei
12 Zwetschgen
1/4 TL Zimt

Für die Vanillesoße
400 ml Milch
100 ml Sahne
1 Vanilleschote
4 Eigelb
4 EL Zucker
1 Prise Salz

Zubereitung

1. Die Milch etwas erwärmen, die Hefe in eine kleine Schale krümeln und mit etwas der warmen Milch und einer Prise Zucker verrühren, dann 5 Minuten ruhen lassen. Die 80 g Butter in die restliche warme Milch legen.
2. Das Mehl mit den 40 g Zucker, dem Vanille-Zucker und dem Salz vermengen. Die Hefemilch, die Milch mit der Butter und das Ei dazu geben und alles vermengen und etwa 7 Minuten zu einem glatten, elastischen Teig kneten. Den Teig zugedeckt etwa eine Stunde gehen lassen.
3. Eine Auflaufform mit etwas Butter fetten. Die Zwetschgen entsteinen und mit 2 EL Zucker und Zimt vermengen. Den Teig in 12 Stücke teilen, zu Kugeln formen, flach drücken, je eine Zwetschge in die Mitte geben und den Teig verschließen, zu einer Kugel rollen und mit etwas Abstand in die Form legen. Die Buchteln nochmals 20–30 Minuten zugedeckt gehen lassen. Den Backofen vorheizen.
4. Die Buchteln im vorgeheizten Ofen backen.
Backzeit 25–30 Minuten bei 190 °C Ober-/Unterhitze (170 °C Umluft)
5. In der Zwischenzeit die Vanillesoße zubereiten. Die Milch mit der Sahne, dem Vanillemark und der ausgekratzten Schote aufkochen, vom Herd nehmen und 10 Minuten ziehen lassen.
6. Die Eigelbe mit dem Zucker und dem Salz hell-cremig rühren. Die Schote aus der Milch entfernen. Die warme Milch langsam in die Eigelbmasse rühren. Zurück in den Topf geben, langsam erwärmen und so lange weiter rühren, bis die Soße dickflüssig ist – aber NICHT kocht!
7. Die Buchteln mit Puderzucker bestreuen und mit Vanillesoße servieren.

Frank
DIE GÄRTNER

Erleben:
lasst euch
verzaubern durch
unser einmaliges
grünes Ambiente

Shoppen:
lasst euch begeis-
tern durch unser
vielseitiges
Sortiment und
unserer fachlichen
Beratung

Entdecken:
entdeckt alles
rund um die Pflanze
und besondere
Accersoirs
.....für jeden
Bereich das Richtig

Zimmerpflanzen, Dekoartikel, Beet und Balkonpflanzen,
Saisonspflanzen, größtes Baumschulsortiment im südlichen Allg

Öffnungszeiten: Mo - Fr: 8 - 18 Uhr | Samstag: 8 - 16 Uhr

Frank - Die Gärtnerin | Tel. 08326 9780 | info@gaertnerei-frank.de
Weiler 27 | 87538 Fischen im Allgäu

www.gaertnerei-frank.de

Grieß-Ricotta-Auflauf

Zutaten
für 4 Personen

Butter für die Formen
400 ml Milch
1 Pck Bourbon-Vanillezucker
3 EL Zucker
80 g Weichweizengrieß
2 Eier
250 g Ricotta
1 Prise Salz
250 g Himbeeren
25 g gehackte Pistazien
Puderzucker
zum Bestreuen

Zubereitung

1. Den Backofen vorheizen und 4 backofenfeste große Tassen mit etwas Butter fetten.
2. Die Milch aufkochen, den Vanillezucker, Zucker und den Grieß einrühren und 1 Minute unter Rühren köcheln lassen, vom Herd nehmen und 15 Minuten quellen lassen. Kräftig durchrühren und etwas abkühlen lassen.
3. Die Eier trennen. Das Eigelb mit dem Ricotta verrühren, die Pistazien bis auf 1 TL und den Grieß unterrühren. Das Eiklar mit dem Salz steif schlagen und unterheben. Die Masse auf die Tassen verteilen, ein paar Himbeeren in die Masse drücken und die Tassen im vorgeheizten Ofen backen. **Backzeit 20–25 Minuten bei 200 °C Ober-/Unterhitze (180 °C Umluft)**
4. Die Grieß-Aufläufe mit Puderzucker und Pistazien bestreuen und mit ein paar frischen Himbeeren servieren.

Ofen-Pfannkuchen mit Creme

Zutaten
für 4 Personen

Für den Pfannkuchen

4 Eier
1 EL Zucker
1 Prise Salz
200 ml Milch
100 g Weizenmehl Type 405
2 EL Butter

Für die Schmandcreme

200 g Schmand
1 Pck Sahnefestiger
1 Pck Bourbon-
Vanillezucker

Außerdem

125 g Heidelbeeren
125 g Himbeeren
125 g Erdbeeren
gehackte Pistazien
nach Belieben
Puderzucker zum
Bestreuen

Zubereitung

1. Für den Pfannkuchen die Eier mit dem Zucker und dem Salz verquirlen, die Milch und das Mehl klümpchenfrei unterrühren. Den Teig kurz ruhen lassen.

2. Den Backofen vorheizen und eine ofengeeignete Pfanne oder eine Auflaufform mit aufheizen.

3. Die Butter in die heiße Form geben, durch schwenken verteilen und den Teig hinein gießen. Sofort in den Ofen schieben und backen.
Backzeit 15–20 Minuten bei 220 °C Ober-/Unterhitze (200 °C Umluft)

4. In der Zwischenzeit den Schmand mit dem Sahnefestiger und dem Vanillezucker wie Schlagsahne aufschlagen. Die Beeren waschen, die Erdbeeren entstielen und in Scheiben schneiden.

5. Den Ofenpfannkuchen aus dem Ofen nehmen, mit Puderzucker und Pistazien bestreuen und sofort mit den Beeren und der Schmandcreme servieren.

Pfitzauf

Zutaten
für 6 Personen

Für das Apfelmus
1 kg Äpfel (Elstar oder Bishop)
1 Pck Bourbon-Vanillezucker
40 g Zucker
1/2 Zitrone

Für die Pfitzauf
Butter für die Formen
250 g Weizenmehl Type 405
4 Eier
500 ml Milch
1 Pck Bourbon-Vanillezucker
1 Prise Salz
40 g Butter
Puderzucker zum Bestreuen

Zubereitung

1. Die Äpfel schälen, das Kernhaus entfernen und in Würfel schneiden, mit 75 ml Wasser in einen Topf geben und aufkochen. Den Vanillezucker hinzufügen und zugedeckt bei schwacher Hitze köcheln lassen, bis die Äpfel weich sind. Das Apfelmus nach Belieben pürieren und mit Zucker und dem Saft der Zitrone abschmecken.

2. Den Backofen vorheizen und 12 Pfitzaufformen mit etwas Butter fetten.

3. Das Mehl mit den Eiern, der Milch, dem Vanillezucker und dem Salz klümpchenfrei glatt rühren. Die Butter schmelzen und gut unterrühren. Die Förmchen etwa 2/3 mit dem Teig füllen und sofort in den Ofen schieben.

4. Die Pfitzauf im unteren Drittel im vorgeheizten Ofen backen.
   Backzeit 30–35 Minuten 200 °C Ober-/Unterhitze (180 °C Umluft)
   Während des Backens auf keinen Fall den Ofen öffnen. Nach Ende der Backzeit den Ofen ausschalten, die Pfitzauf weitere 5 Minuten im Ofen stehen lassen.

5. Die Pfitzauf aus dem Ofen nehmen, vorsichtig aus den Formen lösen, mit Puderzucker bestreuen und mit dem Apfelmus servieren

Keine Pfitzaufform? Alternativen: Soufflé-Förmchen, feuerfeste Tassen, kleine Einmachgläser (Stürzgläser), Muffinsform (ergibt mehr als 12).

Reisauflauf mit Grütze

Zutaten
für 6 Personen

Für die Beerengrütze
250 g Heidelbeeren
250 g rote Johannisbeeren
250 g Himbeeren
250 g Erdbeeren
1 Bio-Zitrone
50 g Speisestärke
500 ml Kirschsaft
50 g Zucker

Für den Reisauflauf
1 l Milch
200 g Milchreis
40 g + etwas weiche Butter
4 Eier
40 g + 30 g Zucker
1 Pck Bourbon-Vanillezucker
250 g Quark
1 Prise Salz

frische Beeren
zum Garnieren

Zubereitung

1. Für die Grütze die Beeren waschen, die Erdbeeren entstielen und klein schneiden. Die Zitrone abreiben und auspressen. Die Stärke mit 5 EL Saft glatt rühren. Den restlichen Saft und den Zitronensaft mit den Heidelbeeren, den Johannisbeeren und dem Zucker in einen Topf geben und aufkochen. Die angerührte Stärke unterrühren und 2 Minuten köcheln lassen. Die Erdbeeren unterrühren und weitere 2 Minuten köcheln lassen. Die Himbeeren unterheben und die Grütze abkühlen lassen.

2. Die Milch aufkochen, den Milchreis unterrühren und bei niedrigster Hitze etwa 20 Minuten köcheln lassen, dabei immer wieder gut durchrühren. Etwas abkühlen lassen.

3. Den Backofen vorheizen und eine Auflaufform mit etwas Butter fetten.

4. Die Eier trennen. Die 40 g Butter mit dem Zitronenabrieb, den 40 g Zucker und dem Vanillezucker schaumig rühren, dann den Quark und den Milchreis unterrühren. Die Eiklar mit dem Salz und 30 g Zucker steif schlagen, dann unter die Milchreismasse heben. Alles in die Auflaufform füllen und im vorgeheizten Ofen backen.
Backzeit 35–45 Minuten bei 180 °C Ober-/Unterhitze (160 °C Umluft)

5. Den Reisauflauf mit der Beerengrütze und den Beeren servieren.

Rhabarber-Erdbeer-Crumble

Zutaten für 6 Personen

80 g + etwas Butter
500 g Rhabarber
500 g Erdbeeren
100 g + 80 g brauner Zucker
2 Pck Bourbon-Vanillezucker
1 EL Stärke
80 g Haferflocken
60 g Mehl
1 Prise Salz
Vanilleeis

Zubereitung

1. Den Backofen vorheizen und eine Auflaufform oder 6 kleine Förmchen mit etwas Butter fetten.

2. Den Rhabarber waschen, die Enden abschneiden, schälen und in etwa 1,5 cm große Stücke schneiden. Die Erdbeeren waschen, entstielen und vierteln. Beides mit 100 g Zucker, 1 Pck. Vanillezucker und der Stärke vermengen und in die Auflaufform(en) füllen.

3. Für das Crumble die Haferflocken, das Mehl, 80 g Zucker, 1 Päckchen Vanillezucker, das Salz, etwas Zimt nach Belieben und die 80 g Butter in Flocken miteinander zu einer krümeligen Masse vermengen. Die Streusel auf der Rhabarber-Erdbeer-Füllung verteilen.

4. Den Crumble im vorgeheizten Ofen backen. **Backzeit 35–40 Minuten bei 180 °C Ober-/Unterhitze (160 °C Umluft)**

5. Den Rhabarber-Erdbeer-Crumble aus dem Ofen nehmen, etwas abkühlen lassen, dann mit Vanilleeis servieren.

Für den Süßhunger

Back- und Kochbücher
aus dem AVA-Verlag

Spatzen & Spätzle

Wer kennt sie nicht, die goldgelben Spätzle. Ob als Kässpatzen mit Allgäuer Käse und Zwiebeln, in Suppen, als Beilage oder als süße Variante zum Dessert.

132 S., 14,8 x 21 cm, Spiralbindung
Best.-Nr. 0277, Preis: 12,50 Euro*

Brot, Brötchen und mehr…

Brot backen liegt voll im Trend. In unserem Buch sind köstliche Brot- und Semmelrezepte zusammengefasst. Da dürfen natürlich auch feine Aufstriche, Gebäck rund um die Feiertage und ein paar Rezepte mit Brot nicht fehlen.

162 S., 14,8 x 21 cm, Spiralbindung,
Best.-Nr. 0271, Preis: 14,50 Euro*

Feine Hofküche

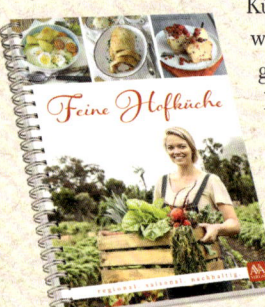

Kaum eine andere Küche vermittelt ein so wunderbares Heimatgefühl wie die Allgäuer Hofküche. Die Feine Hofküche bietet deftige Gerichte, herzhaftes Fleisch, Suppen mit Einlage, reich belegte Brote, süße Kuchen und pfiffige Einmach-Ideen!

144 S., 14,8 x 21 cm, Spiralbindung
Best.-Nr. 0287, Preis: 14,50 Euro*

Schätze im Glas

Frisch geerntet und ab ins Glas bringt Genuss das ganze Jahr. Von Gelees über Marmeladen, Säfte, Sirupe, eingelegtes Gemüse bis hin zu Saucen & Chutneys ist alles dabei. Zudem erfahren Sie alles über Einkochen, Einmachen und Fermentieren.

130 S., 14,8 x 21 cm, Spiralbindung
Best.-Nr. 0282, Preis: 12,50 Euro*

Direkt bestellen unter Tel.: (08 31) 5 71 42-13